하나님의 사탄

"통치자들과 권세들을 무력화하여 드러내어 구경거리로 삼으시고
십자가로 그들을 이기신" 우리 주 구세주 예수 그리스도를 위하여.

골로새서 2장 15절

하나님의 사탄

1쇄 발행 2018년 3월 30일

지은이 어윈 루처
옮긴이 장택수
펴낸이 고종율

펴낸곳 주)도서출판 디모데〈파이디온선교회 출판 사역 기관〉
등록   2005년 6월 16일 제 319 – 2005 – 24호
주소   서울특별시 서초구 서초대로 141-25(방배동, 세일빌딩)
전화   마케팅실 070) 4018-4141
팩스   마케팅실 031) 902-7795
홈페이지 www.timothybook.com

값 14,000원
ISBN 978-89-388-1631-3 03230
ⓒ 주) 도서출판 디모데 2018 〈Printed in Korea〉

사탄에 대한 무지와 두려움 사이에 선
그리스도인에게

GOD'S DEVIL

하나님의 사탄

어윈 루처 지음 | 장택수 옮김

차
례

머리말   9

1장 _ 사탄의 원래 자리   13

2장 _ 떨어진 별   29

3장 _ 동산의 뱀   53

4장 _ 뱀의 종교 전략   77

5장 _ 뱀의 반격   97

6장 _ 짓밟힌 뱀   119

7장 _ 뱀, 하나님의 종   147

8장 _ 뱀의 욕망   175

9장 _ 뱀에게 닫힌 문   201

10장 _ 뱀독의 중화   225

11장 _ 하늘에서 쫓겨난 뱀   251

12장 _ 뱀에게 돌아갈 영원한 수치   269

주   291

1964년 가을 어느 날 나는 암스테르담 자유 대학교 강의실에서 G. C. 버르카워(G. C. Berkouwer) 교수님의 강의를 듣고 있었다. 가을이라고 하기에는 몹시 무더웠으나 강의실에는 에어컨이 없었다. 내 시선은 창 너머 운하에서 물장구치는 오리들을 따라 정처 없이 움직였다. 딴 정신을 팔던 나를 정신이 번쩍 들게 한 것은 버르카워 교수님의 짧고 간결한 한 문장이었다.

내가 평생 강의와 설교를 통해 들었던 단어를 일일이 세어보지는 않았지만 분명 수백만 개는 족히 될 것이다. 그 대부분 단어가 이미 머릿속에서 사라졌으나 그날 버르카워 교수님의 짧은 문장 하나는 지금까지도 뇌리에 생생하게 박혀 있다. "탄탄한 마귀론 없이는 탄탄한 신학도 없습니다." 성경의 계시를 진지하게 받아들이려면 성경에서 가르치는 사탄의 영역을 진지하게 다루어야 한다는 말씀이었다.

네덜란드어로 성냥(match)을 뜻하는 '루시퍼'는 성경에서 사탄을 가리킨다. 어떤 어원에서 루시퍼가 성냥을 의미하게 되었는지는 잘 모르지만 사탄이 "광명의 천사"로 가장한다는 신약성경의 내용과 사전학적 연관성이 있는 것이 분명하다. 사탄은 그로테스크하고 무서운 모습으로 우리 앞에 나타나지 않는다. 할로윈 의상이나 전래 동화에 묘사된 것과도 다르다. 그는 변신에 능하다. 수브 스페키에스 보눔(sub species bonum), 즉 "선(善)의 도움 아래" 등장하기를 좋아한다. 창세기의 설명처럼 지극히 교묘하고 영리한 존재로서 위장술로 계략을 꾸미는 사기꾼의 전형이다.

사탄은 (1) 사람들을 은밀한 덫으로 유인하기 위해 자신을 '과소평가'하게 만들거나 (2) 약간의 위협에도 사람들이 겁에 질리도록 자신을 '과대평가'하게 만드는 두 가지 전략을 주로 사용한다. 우리가 사탄의 존재를 부정하고 무시하거나 사탄을 하나님 수준으로 끌어올려서 과도하게 사로잡히는 일은 모두 사탄이 좋아하는 것이다. 완전한 사탄의 소유물이 되지는 않더라도 사탄에게 사로잡히는 일은 가능하다.

어윈 루처는 넓은 아량으로 나에게 이 책의 서문을 부탁했다. 그도 알겠지만 나는 이 책에서 말하는 종말론 견해에 동의하지 않으며 일부 내용에 대해서는 입장이 완전히 다르다. 그러나 엄밀히 말해서 우리가 저자의 주장에 완벽히 동의할 수 있는 책이 있다면 성경밖에 없을 것이다. 내가 쓴 책에 완전히 동의하는 사람도 많지 않다.

의견이 다름에도 불구하고 내가 이 책의 서문을 기쁘게 쓰는 이유는 세 가지다. (1) 어윈 루처와 나를 신학 안에서 연합시키는 것이 우리를 분리시키는 것보다 훨씬 어려운 일이다. (2) 나는 어윈 루처를 사

하나님의 사탄

람으로서, 그리스도인으로서 또한 믿음의 수호자로서 가슴 깊이 존중한다. 살다 보면 아무 말을 나누지 않아도 처음 본 순간 친밀함이 느껴지는 사람이 있다. 어윈을 보면 내 영이 한껏 고양된다. (3) 가장 중요한 이유는 이 책에서 진정한 성경적 통찰의 보고(寶庫)를 발견했기 때문이다. 신학자가 겪는 고충 가운데 하나는 어떤 신앙 서적을 읽어도 이전에 읽어본 적 없는 새로운 시각과 정보를 접하기가 어렵다는 것이다. 나는 무언가를 배우는 데 시간이 많이 걸리기 때문에 반복이 중요한 사람이다. 이 책에는 내가 이제까지 생각해본 적 없는 명쾌한 통찰이 가득하다. 책 한 권을 읽고 많은 것을 배울 수 있다면 그야말로 큰 기쁨이다.

나는 집에 있을 때 보통 새벽 4시에 일어난다. 생체시계가 자동으로 알람 역할을 한다. 오늘 아침에도 3시 58분에 정확히 눈이 떠졌다. 4시 15분까지 이 원고를 읽었다. 오늘은 9시 강의로 시작하여 총 네 번의 강의를 해야 한다. 보통은 새벽에 강의를 준비하지만 오늘은 이 책에 심취한 나머지 강의 준비에 시간을 쏟을 수가 없었다. 매우 훌륭한 책이 틀림없다. 사탄의 존재와 역할에 대해 이 정도로 잘 정리된 책은 처음이다. 추상적인 신학 논쟁이 아니라 나 개인에게 필요한 영적 통찰의 향연이었다. 얼른 다시 읽고 싶은 책이다. 생각을 자극하는 것은 물론이고 영혼을 통렬하게 고쳐시킨다.

R. C. 스프로울(R. C. Sproul)

사탄의 원래 자리

01
사탄의 원래 자리

이 책은 사탄을 본래 자리에 두기 위한 소박한 시도다. '빛을 나르는 자'라는 뜻을 가진 루시퍼가 하나님의 친구가 아니라 원수가 되겠다는 생각을 실천에 옮기면서 온 우주를 뒤흔드는 도덕적 재앙이 시작되었다. 먼 옛날 루시퍼가 내린 결정은 오늘 우리에게까지 심대한 영향을 끼친다.

널리 알려지지 않은 사실이 있다. 루시퍼는 죄를 범한 순간 이미 패배했다. 엄밀히 말해 전략상 패배다. 하나님의 피조물인 루시퍼가 지속적으로 존재하기 위해서는 어찌 되었든 하나님께 의존할 수밖에 없다. 그가 행사하는 능력은 언제나 하나님의 뜻과 명령에 굴복한다. 그는 자신이 존재와 능력의 궁극적 근원이 결코 되지 못한다는 깨달음이 주는 모멸감으로 평생을 매 순간 괴로워해야 할 운명인 것이다.

루시퍼가 하는 모든 행동에 하나님이 응수하신다는 식으로 간단히 말하고 싶지 않다. 물론 그 말도 사실이지만 훨씬 암울한 사실이 하나 더 있다. 뒤에서 살펴보겠지만 그는 하나님의 명확한 뜻과 동의 없이는 절대 먼저 행동을 취하지 못한다.

담대히 말하건대 사탄에게 허락된 악행은 그것이 무엇이든 언제나 성도를 섬기고 그들의 유익을 위해 하나님이 지정하신 것이다. 윌리엄 거널(William Gurnall)은 하나님이 사탄의 모든 행동을 지켜보시고 결코 그에게 최후 승리를 허락하지 않으신다는 확신을 굳게 붙들라고 신자들을 격려했다. "하나님이 사탄에게 '멈춰!'라고 하시면 성도가 하나님의 잔치에서 식사하는 동안 사탄은 식탁 옆에 개처럼 가만히 있어야 한다. 주인이 계속 지켜보기 때문에 감히 한 입도 베어 먹지 못한다."[1] 그렇다. 우리 주님의 눈은 언제나 사탄을 지켜보고 있다. 불순종의 행위를 처음 저지른 이후 그의 패배와 파멸은 봉인되었다.

루시퍼는 십자가에서 '영적으로' 패배할 것이라는 사실을 예상하지 못했지만 그리스도는 타락한 인류 중 일부를 흑암의 나라에서 값을 치르고 빛의 나라로 옮기셨다. 사탄의 함정에 빠져 타락했던 피조물이 과거 사탄이 이끌던 천사의 영역 위로 높이 들린다니 사탄에게는 견디기 힘든 일이지만 참는 수밖에 도리가 없다.

마침내 사탄이 불못에 던져지는 날 그는 하나님의 임재에서 영원히 버림 받는 영원한 패배를 맞을 것이다. 수치와 신음 속에서 그는 하나님께 거역했던 자신의 어리석음을 영원히 후회할 것이다. 그의 수치는 만천하에 공개되고 영원한 고통에 빠질 것이다. 그는 자신이 기획한

하나님의 사탄

희곡에서 연기하는 불운의 주인공이다. 그 무엇도 결말을 바꾸지 못한다.

중세 시대에 묘사된 사탄은 뿔이 두 개에 긴 꼬리와 갈라진 발굽이 있고 붉은색 옷을 입은 광대다. 때때로 오랜 싸움에서 패배한 자로 그려지기도 한다. 만화에서는 존재 자체가 인류에 대한 모욕인 광대로 묘사된다.

그렇다고 중세 사람들이 실제로 사탄을 멍청한 존재로 믿었다고 보기는 어렵다. 우리와 마찬가지로 그들도 사탄이 강력하고 무시무시한 악한 영이라는 것을 알았다. 우스꽝스러운 캐리커처는 사탄의 최대 약점인 교만에 대한 공격이었다.

사탄이 하나님께 대적한 바보라는 사실을 표현한 섯이다. 그는 엄청난 지적 능력을 가졌지만 창조주께 대항하는 편에 서는 어리석은 결정을 내렸다.

> **"**
> 사탄이 버틸 때는
> 야유하고 조롱하라.
> **"**

중세 사람들은 뛰어난 능력과 지식에도 불구하고 멍청한 선택을 한 사탄의 실체를 간파했다. 그들은 사탄이 실제며 강력한 존재임을 알았다. 그가 잘못된 길을 선택했고 이미 패배했다는 사실도 알았다. 루터는 "사탄이 굴복하지 않고 버틸 때는 야유하고 조롱하라. 그는 경멸을 견디지 못한다"고 했다.

중세 사람들은 사탄에게 관심이 지나친 나머지 성경의 진리를 세상의 전설이나 미신과 혼합하는 실수를 저질렀다. 그러나 흑암의 왕자 사탄의 존재에 대한 그들의 확고한 믿음은 칭찬할 만하다. 우리는 사탄에 대한 인식이 부족하며 심지어 사탄을 그가 원하는 방향으로 인식하는 실수를 저지른다.

혼히 말하기를 '거듭난' 사람은 사탄을 진지하게 대해야 한다고 한다.[2] 성경의 신뢰성을 믿는 우리는 사탄의 객관적 실존을 믿지 않는 죄를 범하지 말아야 한다. 사탄을 정말 진지하게 인식해야 한다.

우리가 아무리 진지하게 생각하고 영적 전쟁을 다룬 복음적인 책과 설교를 많이 접한다고 해도 사탄에 대한 우리의 개념이 정확하다고는 할 수 없다. 그러나 우리에게는 사탄의 계략에 대한 경고와 사탄의 주요 공격 방법이 기록된 말씀이 있으므로 적에게 맞설 태세는 잘 갖추고 있다. 나는 목회 초반 나보다 원수에 대해 잘 아는 분들에게서 영적 전쟁에 대해 배웠다.

유용한 조언이 많지만 사탄의 조종으로 우리의 생각을 왜곡시키는 경우도 있다. 일부 저자는 공공연히 말하지는 않지만 사탄이 하나님과 상관없이 독단적으로 행동할 수 있다는 식으로 말한다. 우리가 간구할 때에만 사탄이 하는 일에 하나님이 개입하신다는 식으로 말하는 저자도 있다. 그들은 사탄이 '이 세상의 신'이라는 말에는 그가 언제 어디서나 마음대로 혼란을 일으키고 자유롭게 결정할 수 있다는 의미가 있다고 생각한다.

나는 그 의견에 반대한다.

사탄이 결국 패배한다는 점에는 모든 복음주의자가 동의할 것이다. 그러나 일부에서는 사탄이 세상에서 자기 마음대로 할 수 있다고 가르친다. 축사 사역을 하는 사람들 상당수가 사탄은 하나님이 정해 주신 한계 안에서 자신이 원하는 목표를 정하고 능력을 발휘할 수 있다고 믿는다. 이런 신학 논리에 따르면 사탄은 전능자의 개입 없이 자기가 계획한 대로 우리를 마음껏 괴롭힐 수 있다.

"마귀는 하나님의 마귀다"라는 루터의 말을 기억하자. 하나님이 어떤 분인지 알 때에만 사탄이 누구인지를 알 수 있다. 이 세상의 임금은 평화의 왕이 부리는 노예라는 확신을 가진 자에게 복이 있을 것이다.

그동안 많은 저자가 성경을 깊이 연구하지 않고 사탄에 대한 글을 남겼다. 그러한 글은 사탄에 대한 우리의 생각에 좋든 나쁘든 많은 영향을 끼쳤다. 대표적인 서사들을 살펴보자.

사탄에 대한 묘사

단테

고전으로 여겨지는 『신곡』의 〈지옥편〉에서 지옥 여행을 다룬 단테 (1265-1321)는 마귀들이 지옥에서 죄인들을 고문하는 끔찍한 장면을 묘사한다. 마귀들은 펄펄 끓는 역청 주위를 지키면서 죄인들이 마땅한 죗값을 치르도록 한다. 역청에서 나오려고 하거나 권위에 불복종하는 죄인을 보면 가차 없이 뾰족한 갈고리로 위협한다. 죄인들은 정확한 형벌을 받는다. 9층 지옥은 각각 특정한 죄를 담당한다. 각 사람은 자기가 저지른 죄에 따라 벌을 받고, 위선자는 가장 낮은 자리에 처한다. 마귀들은 참혹한 죄악을 저지른 자들을 고문하며 희열을 느낀다.

중세 사상을 장악한 사탄의 모습은 성경이 아니라 민담에 기초한다. 그 결과 사탄과 마귀의 존재에 대한 믿음이 생기기는 했으나 세상에서 마귀가 하는 역할에 오해를 낳았다. 마귀가 지옥의 고문자라는 신화는 사탄에게 그가 원하는 또 하나의 이미지를 심어주었다. 게다가 단테는 신약의 구원 교리를 무시하고 행위 구원을 수용했다. 단테가 역대 최고의 작가에 속한다는 사실은 맞지만 그가 성경을 보다 철저히 연구했거나 신학과 무관한 주제로 글을 썼다면 더 좋지 않았을까 하는 아쉬움이 남는다.

밀턴

시인 밀턴(1608-1674)은 서사시 『실낙원』과 『복낙원』에서 성경적인 사탄의 모습을 회복한다. 세속적인 셰익스피어의 세계에 길들여진 영국에서 마귀의 존재에 대한 믿음이 점차 희미해지자 밀턴은 성경이 말하는 사탄의 존재에 대한 성경적 믿음을 부활시켜야 할 필요성을 느꼈다. 물론 신학적 토대가 다소 부족하고 상상력을 바탕으로 한 부분도 있지만 밀턴은 구원사 전 영역을 다룬다. 그는 천사들에게 자유 의지가 있기 때문에 악이 가능했다고 주장한다. 자유 의지 없이는 도덕적 선이 불가능하며, 하나님이 시험과 고난을 통해 우리에게 지혜와 믿음을 주심으로써 악을 선으로 바꾸신다고 주장한다.

밀턴은 루시퍼를 매혹적인 동시에 혐오스러운 존재로, 또한 영웅이자 악당으로 표현한다. 사탄은 상당히 매력적인 존재로 묘사된다. 저자는 독자가 끔찍할 정도로 제멋대로인 이 흑암의 왕자에게 끌리고 매혹되도록 의도적으로 유도한다. 그러나 루시퍼의 본성이 점차 드러나면서 그 유혹의 사악함이 폭로된다. 밀턴은 단테와 일부 생각을 같이한다. 그는 사탄이 "천국에서 섬기기보다 지옥에서 다스리기 위해" 반역했다고 말한다. 에덴동산에서 인간을 성공적으로 타락시키고 지옥으로 돌아간 사탄을 향해 마귀들은 합창하며 그를 환영한다. 사탄은 자신이 하나님의 보좌를 흔들었다고 주장하는데 이는 거짓말이다. 다른 타락한 천사들이 불바다에서 기어 다니고 있을 때 사탄은 그들을 전사의 계급으로 부르면서 소집한다.

밀턴은 기발한 상상력으로 성경의 신학과 기독교 전통을 결합했다. 사탄의 타락을 자유 의지만으로 설명하기는 어렵다. 사탄이 이미 지옥에 있다거나 왕으로 그곳을 다스린다는 말에도 동의하기 어렵다. 밀턴은 선악의 대결 그리고 사탄과 아담과 그리스도 사이의 대결을 잘 묘사했다. 이러한 생생한 설명은 여러 화가, 소설가, 설교자의 단골 소재로 사용된다.

사탄에 대한 믿음이 회복되었으나 계몽주의가 뒤를 이었다.

괴테

서양에서 사탄이라는 존재가 사라진 것은 인본주의 사상과 과학의 발견으로 초자연적 세계에 대한 믿음이 밀려나기 시작한 때와 궤를 같이한다. 사탄은 오랜 미신이 만든 가공의 존재로 여겨지기 시작했다. 루터와 칼뱅의 하나님이 밝고 관용 넘치는 하나님으로 대체되자 하나님의 세상에는 마귀라는 독립 개체가 존재할 수 없다는 생각이 확산되었다.

파우스트라는 이름을 들으면 누가 떠오르는가? 영혼을 담보로 악마와 계약을 맺었다가 자신이 속았다는 사실을 깨달은 주인공의 이야기를 떠올렸다면 바로 맞혔다. 그러나 중세에는 여러 버전의 파우스트가 있다. 파우스트는 흑마술을 다룰 줄 아는 실제 인물로서 여러 전설이 더해져 그의 기행, 사기, 악마와 맺은 계약에 대한 이야기로 포장되었다. 어떤 이야기에서는 1525년에 그가 비행을 시도하다가 죽었다고 전해진다. 널리 알려진 또 다른 이야기에서는 악마가 그를 데려갔다고 한다.

가장 유명한 버전은 독일의 계몽주의 학자 괴테(1749-1832)가 발표한 『파우스트』다. 밀턴의 서사시 이후 100년이 지나 괴테가 쓴 희곡에서 파우스트는 다른 종류의 악마를 만난다. 이 악마는 기독교적 요소를 일부 포함하지만 두려운 존재가 아니다. 괴테의 이야기에서는 파우스트가 오히려 악마를 능가한다.

악마 메피스토텔레스는 매우 복잡한 인물로서 심지어 천사를 창조하기까지 했다. 하나님께 대적하는 존재로 보이지만 실상은 기독교의 마귀를 심각하게 왜곡한 것이다. 그는 다중성을 지닌 존재로 묘사되며 결코 무섭게 보이지 않는다.

하나님의 사탄

파우스트와 메피스토텔레스는 파우스트가 장차 올 세상에서 악마의 종이 된다면 악마는 이 세상에서 파우스트의 종이 되겠다고 약속하는 계약을 맺는다. 악마는 파우스트의 정욕을 자극하여 그레첸이라는 젊은 여인과 사랑에 빠지도록 유혹한다. 혼란과 무력감 속에서 파우스트는 큰 저항 없이 그레첸의 침대로 가 자신의 환상을 충족시킨다.

그러나 이 부분이 중요하다. 파우스트의 음욕은 결국 진정한 사랑으로 변한다. 악마는 파우스트를 파멸시키기는커녕 자신이 그토록 혐오하는 선행을 저지르고 만다. 이야기가 끝날 때 파우스트의 영혼은 괴로움에 싸인다. 그러나 파우스트는 메피스토텔레스를 이겼다. 사랑하는 법을 배웠기 때문이다.

파우스트는 죄가 아니라 음욕과 선조한 주시주의에서 구원받았다. 그는 그리스도의 도움이 아니라 자신의 노력과 수고로 구원받았다. 파우스트는 악마를 섬긴 일에 책임과 보상이 따른다는 것을 깨달았다. 그러나 악마와 맺은 계약은 심각한 결과를 야기하지 않았다.

괴테가 묘사한 악마 메피스토텔레스는 오늘날 현대 사회와 잘 들어맞는다. 그는 우리가 원하는 모습을 하고 있다. 우리는 영혼을 잃을지도 모른다는 두려움 없이 악마와 한 팀이 된다. 악마는 유약하고 심지어 우스꽝스러운 상징적 존재로 전락했다.

이 시대는 악마를 고분고분한 존재라고 믿는다. 악마는 그의 존재에 대한 우리의 궁금증을 해소해주며, 우리가 이해하기 힘들어하는 상징적 공포에 대해서도 기꺼이 설명한다. 악마는 우리 편이며 우리의 하수인이다. 그는 자신의 힘을 발휘하여 우리의 미래를 예측하고, 우리가 가능성을 발휘하도록 도와주며, 점성술이나 위자보드*에 나오는 존재고, 우리를 '지혜의 대가들'과 소통하게 하며, 인간의 깨달음을 강조하는 이 시대의 여러 목소리 중 하나로 여겨진다.

한 조사에 따르면 미국인 25퍼센트 이상이 사탄은 인간에 대한 비인간성의 상징일 뿐이라고 믿는다. 사탄의 존재를 믿는다고 말한 사람 가운데 그에게 유혹을 받은 적이 있다고 생각하는 사람은 소수에 불과하다. 〈뉴스위크〉(Newsweek) 지는 "그리스도인 중 거듭난 그리스도인만이 악마의 존재에 대한 인식이 확고했다"고 지적한다.[3]

이런 관점은 주류 개신교인들과 가톨릭 교인들이 "그들의 용어에서 악마를 삭제했다"고 말한 〈뉴스위크〉 지의 케네스 우드워드(Kenneth Woodward)의 말과 일맥상통한다.[4] 우리는 악마에 대해 말할 때 그를 사악한 독립적 개체로 보지 않는다. 악마를 상징적이고 서술적이며 사변적인 존재로 간주한다.

사회학자 로버트 우스나우(Robert Wuthnow)는 악마가 객관적으로 존재한다는 것을 믿느냐 믿지 않느냐는 개인의 사회적 지위에 따라 다르다고 설명한다. "교회 주차장을 보라. 렉서스와 캐딜락이 보이는 교회는 사탄을 언급하지 않지만, 소형 트럭이 많이 보이는 교회는 사탄을 언급한다."[5]

---

*서양의 강령술에 사용되는 판 -편주

왜 이 책인가?

이 책은 사탄이 하는 역할과 그가 전능자와 어떤 관계인지를 전반적으로 다룬다. 그가 높은 자리에서 타락하고, 그리스도께 패배하며, 영원한 수치와 멸시로 몰락하는 과정을 추적하고, 그가 거둔 승리조차도 언제나 패배라는 것을 증명한다. 무엇보다도 흑암의 나라에서 빛의 나라로 옮겨진 우리가 사탄을 대적할 수 있다는 사실을 설명한다.

첫 번째 전제다. 하나님은 만유에 대한 절대적 주권을 갖고 계신다. 사탄조차도 하나님이 세우신 거대한 계획의 일부다. 하나님이 악한 행동을 하시거나 악행을 인정하신다는 말이 아니다. 다만 만유를 창조하고 유지하는 분으로서 하나님은 모든 일의 궁극적(직접적이지는 않더라도) 이유가 되신다.

사탄이 어떻게 하나님의 계획에 속하는지를 모르면 우리와 우리 문화를 향한 사탄의 계략과 영향력에 맞서기가 어렵다. 적을 어떻게 인식하느냐에 따라 적에게 맞서는 방법이 달라진다.

하나님에 대한 바른 신학이 정립되어 있어야만 사탄에 대해 바른 신학을 가질 수 있다. 아울러 하나님을 경외할 때에만 사탄을 경외할 필요가 없다는 깨달음에 이를 수 있다. 이 책은 사탄을 추적하는 것이지만, 하나님의 권능, 하나님의 계획, 하나님의 목적을 밝히는 책이기도 하다. 하나님이 커질수록 사탄은 작아진다.

우리에게는 결국 하나님이 승리하시고, 지금도 날마다 승리하신다는 확신이 필요하다. 원수의 패배를 기뻐하기 위해 사탄이 불못에 던져질 때까지 기다릴 필요가 없다. 사탄이 전능하신 하나님께 대적하기로 선택한 순간 그는 이미 패배했다. 이것이 핵심이다. 루시퍼는 더 이상 하나님의 종이 되지 않겠다고 반기를 들었으나 여전히 하나님의 종일 뿐이다.

J. B. 필립스(J. B. Phillips)가 발표한 『당신의 하나님은 너무 작다』(*Your God Is Too Small*, 바이블웨이 역간)라는 책의 제목이 떠오른다. 요즘 시대에 맞는 제목으로 바꾸면 『당신의 마귀는 너무 크다』이다. 우리가 사탄을 대단하게 여기고, 그에게 서원해야 한다고 생각하며, 우리 자신을 저주의 희생자로 치부하고, 우리 미래가 사탄의 손에 달렸다고 두려워한다면 사탄은 계속 매우 큰 존재로 남을 것이다.

어느 작가의 설명을 들어보자. 동전을 눈앞에 갖다 대면 직경이 139만 킬로미터나 되는 작렬하는 태양을 가릴 수 있다. 마찬가지로 사탄은, 우리가 가만히 놔두면, 하나님을 향한 우리의 시선을 가로막는다. 그는 적어도 이 세상에서는 자신이 하나님만큼 큰 존재라는 무시무시한 시각적 착각을 일으킨다.[6] 이것을 기억하라. 사탄이 강한 이유는 우리가 그에게 힘을 실어주었기 때문이다.

사탄은 우리가 믿는 만큼 힘을 지닌다. 이스라엘 백성이 여리고성을 난공불락이라고 믿었기 때문에 무너지지 않았다. 그러나 여리고성 사람들의 생각은 달랐다. 이스라엘 백성을 보자 겁에 질렸다. 왜 40년 전에 와서 그들의 유업을 주장하지 않았는지 의아해했다. 여호수아와 갈렙은 하나님이 여리고성을 더는 보호하지 않으신다는 것을 알았다(민 14:9). 이 전투에서 승리가 지연된 것은 여리고성의 힘이 아

하나님의 사탄

니라 이스라엘 백성의 불신 때문이었다. 이스라엘 백성은 여리고성이 매우 강하다고 생각하여 그들에게 성을 지배할 권리를 주었다. 우리가 사탄을 천하무적이라고 생각하면 사탄은 그 기대에 맞게 행동한다. 하나님을 보지 않고 사탄만 바라보는 일을 삼가라.

두 번째 전제다. 하나님은 우리와 사탄의 갈등을 통해 우리 성품을 계발하신다. 시련은 믿음을 시험하는 기회. 영적 전쟁은 하나님의 은혜와 권능과 함께 죄의 사기성과 하나님

> **66**
> 사탄은 죄를 택한 순간
> 이미 패배했다.
> **99**

의 징벌을 배우는 교실이다. 사실 하나님은 사탄을 다른 행성으로 추방하시거나 즉시 불못에 던져버리실 수도 있다. 그러나 당신의 거룩한 이야기에서 사탄에게 역할을 맡기기로 결정하셨다. 우리는 축제를 벌이기 전에 싸워야 하고, 인정을 받기 전에 배워야 한다. 청교도들은 '성도들의 영원한 기쁨을 배가하기 위해' 하나님이 사탄에게 일시적으로 지배권을 허락하셨다고 말한다.

하나님은 우리를 싸움으로 몰아넣으실 때 원수에게 맞서는 데 필요한 도구와 능력을 주신다. 그런데도 우리는 그리스도인에게 주어진 도구를 잘 활용하지 못한다. 나도 흑암의 왕자와 벌인 대결에서 여러 번 실수를 저질렀다. 그 모든 실수를 그리스도의 몸 된 지체들과 나누는 것이 나에게 주어진 의무다.

이 책은 여러 장에 걸쳐 영적 전쟁을 다룬다. 사탄이 우리에게 자행

하는 가장 보편적인 술책을 소개한다. 이때 우리는 승리가 보장된 전쟁을 벌인다는 확신을 갖는 것이 무엇보다 중요하다. 우리가 겨루는 상대는 피조물이라는 한계를 지닌 존재다.

오직 성경을 통해서만 단테, 밀턴, 괴테가 제시한 사탄의 개념을 정확히 판단할 수 있다. 성경에 따르면 우리가 대적하는 원수는 하나님의 명령을 따라야 한다. 그는 지옥에서 사람들을 다스리거나 고문하지 않는다. 그는 우리가 상상하는 존재와 다르다. 우리가 기지를 발휘한다면 충분히 능가할 수 있는 존재다.

성경에 나오는 사탄은 물론 상당한 능력을 지녔으나 언제나 하나님의 목적과 계획이라는 제한을 받는다. 겉으로는 거만해 보이나 이미 낮아질 대로 낮아졌다. 원수에게 가장 유리한 상황은 우리의 무지다.

물론 이 책을 읽은 뒤에도 하나님이 승리하셨다는 믿음이 생기지 않을 수 있다. 사탄이 우리에게는 크지만 하나님께는 크지 않다는 사실을 깨닫는 지혜가 주어지기를 기도한다. 반역자를 사용하여 자신의 이름을 영화롭게 하시는 하나님을 경외하며 그분 앞에 서자.

하나님을 보지 않고 사탄만 보는 행동을 멈추어야 한다.

2

떨어진 별

02
떨어진 별

"당신은 하나님의 동산 에덴에 있었다."

우리를 상상 너머의 세계로 인도하는 문장이다. 그곳은 아름다움, 평화, 연합의 세계다. 상상력의 한계를 뛰어넘으며 이제껏 경험하지 못한 전혀 다른 세계다. 오스트리아 빈의 쇤부른 궁전 정원만 보아도 놀라움 그 자체인데 '하나님의 동산'이라니, 그곳은 과연 어떤 모습일까?

우리의 한계 너머에 있는 세계에서 영광스러운 피조물 하나가 장차 큰 역효과를 몰고올 엄청난 도박을 선택했다. 그는 앞일을 모른 채 도미노를 쓰러뜨렸다. 그가 시작한 행동은 영원까지 반향을 불러일으켰다. 그 충격에 온 우주가 휘청거리고 흔들린다. 지금도 우리는 그 고통스러운 결과를 겪고 있다.

그것은 모든 도박의 시초이자 희곡의 서막에 해당하는 사건이다. 이 희곡은 희극이 아닌 비극이다. 물론 하나님은 이 드라마를 자신의 영광을 위해 사용하신다. 관련된 증거로 미루어볼 때 이 비극은 광대한 계획에 속한 일부다. 하나님의 계획 안에 있는 일이라고는 하지만 그분의 피조물이 성취와 영향력이 보장된 특별한 지위에서 멀어지는 길을 선택한 그 운명의 날이 초래한 참혹한 충격은 여전히 강렬하다.

자세한 내막을 알아보기 위해 우리 힘으로는 결코 알 수 없고 볼 수 없는 영역의 일을 알려주는 책인 성경을 보자. 이제 막이 오르고 등장인물이 소개된다. 자세히 보니 우리도 역사의 갈등에 참여하여 무대에서 연기하고 있다.

피조물의 정체

평화 대신 전쟁을 택한 이 피조물은 대체 누구인가? 종이 되기를 거부하고 스스로 왕이 되겠다고 착각한 그는 누구인가? 그의 이름은 루시퍼, '빛나는 자' 또는 '빛을 나르는 자'다. 그는 스스로 빛을 내지 못하고 하나님의 빛과 영광을 나타낸다.

하나님은 자신만큼 위대하고 아름다운 존재를 만들지 않으신다. 어떤 피조물도 전능하신 하나님의 완전무결함에 도달하지 못한다. 루시퍼도 당연히 하나님과 비길 수는 없으나 그는 전능하신 하나님이 만든 최고의 피조물이었다.

성경을 통해 루시퍼가 반항한 이유와 목적을 어렴풋이 알 수 있다. 구약의 선지자 두 명이 사람인 왕보다 뛰어난 존재를 소개하며, 이 거대한 우주적 도박이 시작된 장소로 우리를 데려간다.

이사야와 에스겔은 동일한 이야기를 조금 다른 관점에서 전한다. 두 선지자 모두 당대의 교만한 왕들에 대해 한탄한다. 하나님은 군주들의 교만과 반항을 결코 좌시하지 않으시고 냉소적 엘리트주의라는 높은 자리에서 그들을 끌어내리신다.

두 선지자는 인간에게 해당되지 않는 존재를 설명한다. 이 세상 임금들 뒤에 있는 강한 존재다. 한때 놀라운 아름다움을 지녔으나 지금은 철저히 사악한 존재로 전락했다. 마치 시간의 회랑을 따라 과거로 돌아가 우주의 역사를 바라보는 듯하다. 그는 하나님의 동산에 살았으나 경멸과 수치의 심연으로 몰락한 존재다. 에스겔의 말을 보자.

여호와의 말씀이 또 내게 임하여 이르시되 인자야 두로 왕을 위하여 슬픈 노래를 지어 그에게 이르기를 주 여호와의 말씀에 너는 완전한 도장이었고 지혜가 충족하며 온전히 아름다웠도다 네가 옛적에 하나님의 동산 에덴에 있어서 각종 보석 곧 홍보석과 황보석과 금강석과 황옥과 홍마노와 창옥과 청보석과 남보석과 홍옥과 황금으로 단장하였음이여 네가 지음을 받던 날에 너를 위하여 소고와 비파가 준비되었도다 너는 기름 부음을 받고 지키는 그룹임이여 내가 너를 세우매 네가 하나님의 성산에 있어서 불타는 돌들 사이에 왕래하였도다 네가 지음을 받던 날로부터 네 모든 길에 완전하더니 마침내 네게서 불의가 드러났도다 네 무역이 많으므로 네 가운데에 강포가 가득하여 네가 범죄하였도다 너 지키는 그룹아 그러므로 내가 너를 더럽게 여겨 하나님의 산에서 쫓아냈고 불타는 돌들 사이에서 멸하였도다 네가 아름다우므로 마음이 교만하였으며 네가 영화로우므로 네 지혜를 더럽혔음이여 내가 너를 땅에 던져 왕들 앞에 두어 그들의 구경거리가 되게 하였도다 네가 죄악이 많고 무역이 불의하므로 네 모든 성소를 더럽혔음이여 내가 네 가운데에서 불을 내어 너를 사르게 하고 너를 보고 있는 모든 자 앞에서 너를 땅 위에 재가 되게 하였도다 만민 중에 너를 아는 자가 너로 말미암아 다 놀랄 것임이여 네가 공포의 대상이 되고 네가 영원히 다시 있지 못하리로다 하셨다 하라(겔 28:11-19).

여러 세기 동안 성경학자들은 에스겔이 이 본문을 두로왕에 대한 말로 시작하여 루시퍼에 대한 말로 마무리했다고 믿었다. 그것은 어떤 인간에게도 해당되지 않는 내용 때문이다. 두로왕은 결코 "지혜가 충족하고 온전히 아름답지 않았다." "기름 부음을 받고 지키는 그룹"도 아니며 "모든 길에 완전하지도" 않았다.

이 구절을 이해하려면 영적으로 생각하거나 에스겔이 두로왕 뒤에 있는 다른 존재를 말한다고 보아야 한다. 사탄이 열방을 통치한다는 성경의 가르침으로 볼 때 에스겔은 그의 설명에 합당한 모습이었다가 교만하게 반대편으로 돌아선 천사 같은 존재를 말하고 있다. 창조의 정점에 있던 그는 영원히 수치와 멸시 속에 살아야 한다.

에스겔의 말을 다시 보자. "네가 옛적에 하나님의 동산 에덴에 있어서 각종 보석 곧 홍보석과 황보석과 금강석…으로 단장하였음이여"(13절). 여기서 말하는 에덴은 우리가 아는 에덴동산이 아니다. 각종 실과가 아니라 보석을 언급하고 있기 때문이다. 온갖 보석과 사치품으로 치장된 동산, 완벽한 존재에게 어울리는 천국 같은 집이다. 루시퍼는 하나님의 걸작품으로서 그의 존재만으로도 창조주의 영광을 드러내는 작품이었다. 하나님이 만드신 최고의 작품이다.

루시퍼의 의무

온 우주가 완벽한 평온을 누리던 영광스러운 시절, 루시퍼가 맡은 역할은 무엇이었을까? "너는 기름 부음을 받고 지키는 그룹임이여 내가 너를 세우매 네가 하나님의 성산에 있어서 불타는 돌들 사이에 왕래하였도다"(14절).

에스겔이 말한 "기름 부음을 받고 지키는 그룹"이 무엇일까? 아마도 하나님 나라에서 섬긴다는 의미일 것이다. 도널드 그레이 반하우스(Donald Grey Barnhouse)는 『보이지 않는 전쟁』(The Invisible War)에서 천국의 예배를 담당하는 그룹들의 제사장 직분을 의미한다고 했다. 기억나겠지만 그룹들은 날개를 펴서 언약궤를 덮는다. "네 모든 성소"(18절)라는 표현에서 예배와의 연관성이 확인된다.

이 해석이 맞다면 루시퍼는 천사들의 예배를 인도하는 역할을 담당했을 것이다. 그는 자기 아래 있는 천사들의 경배를 받아서 자기 위에 계신 하나님께 경배를 전달했다. 경배는 조금도 다른 곳에 전용될 수 없었다. 오직 하나님만이 모든 경배를 받기 합당한 분이다.

> 66
> 만유가 완벽한 평온을 누리던 영광스러운 시절, 루시퍼가 맡은 역할은 무엇인가?
> 99

루시퍼의 거처가 어디였었는지는 확실하지 않다. 반하우스는 그가 이 세상에 거했다고 본다. 루시퍼의 소망 중 하나는 "하늘에 오르는 것"이었다. 하나님의 보좌로 나아갈 수 있는 그였지만 거처는 이 땅이었다. 그는 세상에서 제사장 직분을 담당했다.

많은 학자가 루시퍼의 핵심 거처는 하나님의 하늘 보좌 근처라고 믿는다. "내가 너를 땅에 던져"(17절)라는 에스겔의 말로 보아 그는 죄를 지은 후 땅으로 보내졌다고도 볼 수 있다. 하늘에 있든 땅에 있든 루시퍼는 분명 전능하신 하나님의 권위 아래 있었다.

그는 자신의 특권을 얼마나 오래 누렸을까? 정확히는 모르지만 수백만 년일 수도 또는 아주 잠깐일 수도 있다. 밀턴은 아담과 하와가 창조되면서 루시퍼가 질투심과 싸우다가 그들이 창조되고 얼마 지나지 않아 죄를 지었다고 말한다. 어찌되었든 그는 죄를 짓기 전까지는 지치거나 갈등하거나 경쟁하지 않고 하나님을 섬겼다. 하나님의 예배 인도자로서 성가대 지휘와 찬양 인도를 담당했다.

루시퍼가 자신이 얼마나 축복받은 존재인지 알았다면 얼마나 좋았을까!

루시퍼의 도박

"네가 지음을 받던 날로부터 네 모든 길에 완전하더니 마침내 네게서 불의가 드러났도다"(15절). 충격과 당혹감을 주는 구절이다.

네게서 불의가 드러났도다!

이 충격적인 말에서 죄가 어떻게 세상에 들어왔는지 알 수 있다. 악의 근원에 대해 알려준다. 모든 것이 완전했던 존재 안에서 불의가 드러났다.

여기서 말하는 죄와 불의란 무엇인가? 한마디로 교만이다. "네 무역이 많으므로 네 가운데에 강포가 가득하여 네가 범죄하였도다…네가 아름다우므로 마음이 교만하였으며"(16-17절). 아름다움과 지위는 그를 완고한 교만으로 이끌었다. 신약에서 바울은 초신자에게 사역을 맡기지 말라고 하면서 "교만하여져서 마귀를 징죄하는 그 정죄에 빠질까 함이요"(딤전 3:6)라고 했다.

두로는 무역의 중심지였다. 루시퍼는 하나님의 일을 맡아 관리하는 일이 자랑스러웠다. 그러나 그는 모든 영광을 하나님께 돌리지 않고 조금씩 스스로 영광을 취하기 시작했다. 무역상이 이익을 취하듯 루시퍼는 경배의 일부를 자기 몫으로 챙겼다. 하나님이 대부분의 찬양과 경배를 받으시는 것은 당연하지만 전부 받으시는 것은 부당하다는 생각이 들었던 모양이다. 전능자가 왜 피조물과 영광을 나누시지 않는가? 가장 뛰어나고 훌륭한 피조물과는 나누셔야 하지 않을까?

다음은 여러 세기 동안 최고의 신학자들이 고심해온 신학적 난제다. 의로운 피조물의 마음에서 어떻게 불의한 선택이 가능한가? 깊이 들어가면 완전한 세상에 사는 완전한 존재가 왜 불만족을 느끼는가? 루시퍼는 하나님을 섬기는 일에 충실했다. 그러나 만족했음에도 왜 반역했을까?

신학자 대부분이 그의 선택을 자유 의지 때문이라고 설명한다. 그에게 선택권이 주어졌으며 자유로운 피조물이자 온전했던 그는 언제나 곁길로 샐 가능성이 있었다는 것이다. 어쩌면 그럴지도 모른다. 루시퍼는 하나님이나 다른 천사들에게 해야 할 일을 강요받지 않았다. 그래도 수수께끼는 풀리지 않는다. 온전한 피조물이 왜 하나님께 저항하고 싶었을까? 자유 의지가 있더라도 왜 그런 선택을 했는지 이해가 안 된다.

어쩌면 정답이 없다는 말이 맞는지도 모른다. 엄밀히 말해 우리로서는 대답을 알 수 없다. 답은 하나님만 아신다. 먼 훗날 하나님이 퍼즐에서 빠진 조각을 알려주실 것이다. 그때까지는 어찌하여 루시퍼의 마음에 갑자기 불의가 솟구쳤는지 알 수 없다.

루시퍼는 자기 유익을 위해 반항해야 한다는 자가당착에 빠졌다. 자신의 이익에 흔들렸더라도 하나님께 순종하는 것이 우선이라는 생각을 고수하지 않았다. 루시퍼를 향한 하나님의 최선과 루시퍼를 향한 루시퍼 자신의 최선은 사실 하나였다.

루시퍼가 내린 잘못된 판단은 우리에게 경고한다. 우리의 순종이 하나님께만 유익할 뿐 우리에게는 유익하지 않다는 생각은 절대 금물이다. 하나님이 우리에게 순종을 요구하실 때는 하나님의 유익만을 위해서가 아니라 우리의 유익도 포함된다. 어떤 대가를 치르더라도 하나님의 뜻을 따르겠다는 선택이 지혜로운 태도다.

루시퍼는 모든 이성적인 개연성을 무시하고 자신의 뜻을 하나님의 뜻과 반대에 두기로 선택했다. 시기심과 인정 욕구에 사로잡힌 그는 하나님이 원하시는 방법 대신 자신이 원하는 방식을 택했다. 그러한 결정으로 잠시 만족을 느꼈을 수는 있으나 그로 인해 영원한 수치를 감내해야 한다. 그는 멀리 내다보지 못했다.

생각을 행동에 옮긴 순간 그에게 찾아온 것은 실망이었다. 그의 미래는 돈을 딸 수 없는 슬롯머신으로 하는 도박과 같다. 그는 하나님의 권능과 의도를 잘못 계산했다.

루시퍼의 동기

루시퍼가 인정에 대한 욕구 때문에 스스로 길을 찾았다는 점에 대해서는 알아보았다. 이 글을 쓰는 지금도 루시퍼는 자신이 결코 갖지 못하는 것을 열렬히 갈망한다. 선원이 갈증을 참지 못하고 짠 바닷물을 마시면 갈증이 더 심해지듯이 사탄이 발버둥 칠수록 좌절은 커지고 파멸만 성큼 다가온다.

이사야도 비슷한 이야기를 한다. 에스겔처럼 왕의 뒤에 있는 존재를 설명하면서 바벨론 왕에게 경고한다. 그는 루시퍼가 세운 다섯 가지 목표를 설명한다. 뉴에이지를 추종하는 이들의 말처럼 무엇이든 생각대로 이루어진다면 루시퍼는 야심 하나는 최고 수준이다. 각 문장은 "내가 하리라"는 투로 되어 있다.

네가 네 마음에 이르기를 내가 하늘에 올라 하나님의 뭇 별 위
에 내 자리를 높이리라 내가 북극 집회의 산 위에 앉으리라 가
장 높은 구름에 올라가 지극히 높은 이와 같아지리라 하는도
다(사 14:13-14).

소박한 소망이 아니다. 점차 증가하는 욕심은 냉소적 교만으로 가
득한 열망이다.

"내가 하늘에 오르리라." 우리는 새들이 하늘을 난다고 말한다. 그
러나 대기권 너머에는 별들이 빛나는 창공이 있고, 하나님이 거하시는
셋째 하늘도 있다.

루시퍼는 하나님을 찬미하기 위해 가장 높은 하늘의 궁정에 들어가
는 특권을 이미 누리고 있었다. "하늘에 오르고 싶다"는 말은 하나님
의 자리를 차지하고 싶다는 의미로 해석된다. 할 수만 있다면 하나님
의 보좌에 앉고 싶다는 것이다. 그는 지상으로 만족하지 못하고 하늘
의 영원한 자리를 갈망했다.

그가 오르고 싶은 이유는 섬기기 위해서가 아니라 통치하기 위해서
였다. 그는 경배가 아니라 저항을 원했다. 순종이 아니라 반역을 원했
다. 가장 높이 오르고 싶은 열망이 종국에는 가장 낮은 자리로 몰락
시킨다는 것을 몰랐다. 하늘의 영광을 맛보던 루시퍼는 지옥의 공포
속으로 던져진다.

하나님의 사탄

"하나님의 뭇 별 위에 내 자리를 높이리라." 별은 종종 천사들을 상징한다(욥 38:7). 루시퍼에게 있던 천사들에 대한 권위는 위임받은 것이었다. 그는 독립적인 권위를 원했다. 자신이 경배와 경외를 받고 싶었다. 명령을 받는 일에 지친 그는 하나님의 계획보다 자기의 뜻대로 명령을 내리고 싶었다.

"내가 북극 집회의 산 위에 앉으리라." 산은 종종 나라나 왕국을 상징한다(사 2:2). 루시퍼는 나라를 통치하는 하나님의 권세를 원했다. 그는 자신의 영토를 차지하는 데 집착했다. 엄밀히 말하면 하나님께 속한 영토를 빼앗고 싶었다.

"가장 높은 구름에 올라가리라." 하나님의 영광은 구름 속에 나타난다(출 16:10). 이 쉐카이나 영광은 하나님의 임재를 의미한다. 루시퍼는 할 수만 있다면 구름 위로, 하나님의 영광 위로 오르고 싶었다.

"지극히 높은 이와 같아지리라." 마침내 속내가 드러난다. 그는 하나님과 같아지고 싶었다. 하나님이 받으신 영광과 존경을 목격한 루시퍼는 자신도 그것을 원했다. 경배를 받는 존재가 되는 일에 온 열심을 쏟았다. 그는 하나님과 달라지는 것이 아니라 하나님과 같아지기를 열망했다. 역설적으로 이 교만한 욕망은 그를 하나님과 같아지기는커녕 더욱 다르게 만들었다.

루시퍼가 실수를 저지르기 전까지 우주는 조화를 이루고 있었다. 하나님이 창조하신 모든 뜻이 거룩하신 하나님의 뜻에 순종했다. 하나님은 통치자였고 피조물은 하나님의 뜻에 응답했다. 그러다가 하나님의 명령에 거역하는 일이 벌어졌다. 루시퍼는 천사들을 동원하여 하나님께 저항하는 무리를 일으킨다. 심지어 사람도 천사들의 무리에 동참한다. 세상에는 더는 하나의 계획이 아니라 개인의 욕심이 만들어낸 수백만 개의 계획과 동기가 넘쳐난다. 도처에서 하나님의 지배에 거역하는 일이 일어난다.

루시퍼는 엄청난 실수를 저질렀다. 결코 '성공'과 거리가 먼 위험한 도박이 시작되었다. 하나님께 거역하겠다는 생각이 들어온 순간 실패는 확정되었다.

그는 하나님을 알았지만 하나님의 방법을 최선이라고 믿지 않았다. 섬기는 일에 만족하지 않고 섬김을 받고자 했다. 그런데도 여전히 섬기는 처지다.

도박이 실패한 이유

루시퍼는 자신의 결정이 가져올 결과와 그 결정에 대한 하나님의 반응을 오판했다. 곤경에 처하리라고는 미처 예상하지 못했다. 자신이 미래를 통제할 수 있다고 생각했지만 그의 미래는 그가 주제넘게 등을 돌린 바로 그분에 의해 결정되었다. 자유를 향한 몸부림은 속박으로 가는 몰락이었다.

모든 피조물이 반드시 알아야 하는 교훈을 이제는 루시퍼도 깨달았을 것이다. 결정은 우리가 내려도 결과는 우리가 정할 수 없다. 죄는 의도하지 않은 결과를 야기한다.

그는 어찌하여 실패의 저주를 받았는가?

결과의 한계에 갇힌 루시퍼

하나님께 반역하면서 루시퍼는 무엇을 얻고자 했을까? 그는 지극히 높으신 하나님처럼 되기를 바랐다. 이것이 가당키나 한 일인가?

신학자들이 하나님을 묘사할 때 사용하는 세 단어는 "전부"를 뜻하는 omni(옴니)라는 접두어로 시작한다. 편재성(omnipresent)은 언제나 모든 곳에 계신다는 말이다. 전능성(omnipotent)은 모든 능력을 갖고 계신다는 말이다. 전지성(omniscient)은 모두 아신다는 말이다. 세 속성은 하나님의 핵심 본질이다.

하나님과 같아지기를 바랐던 루시퍼는 이 가운데 몇 가지 속성이나 가질 수 있을까? 하나도 없다.

그는 결코 전지할 수 없다. 결단코 전부 알지 못한다. 그는 1963년 11월 22일 텍사스 주 댈러스에서 누군가가 미국 대통령 암살을 계획 중이라는 사실은 알 수 있다. 그러나 그 암살이 실제로 일어날지는 모른다. 암살자가 마음을 바꿀 수도 있고, 총이 오작동할 수도 있으며, 차량 행렬이 마지막에 경로를 바꿀지도 모른다. 하나님은 장차 일어날 일을 정확히 아시지만 사탄은 정보를 가지고 추측만 할 뿐이다.

계획은 알아도 최종 결과는 모른다. 사람의 결정에 영향을 줄 수는 있으나 지시를 내리지는 못한다. 그의 간절한 바람은 하나같이 실현되기 어렵다.

구약성경은 거짓 선지자를 확인하는 방법으로 그들의 예언이 종종 틀리다는 점을 지적한다. 맞기도 하지만 틀릴 때도 있다는 것이다. 오직 하나님만이 미래를 정확히 아신다. 따라서 진정한 하나님의 선지자라면 백 퍼센트 정확히 예언한다.

편재성은 어떤가? 루시퍼가 온 우주를 자신의 임재로 채울 수 있는가? 동시에 모든 곳에 존재하는가? 할 수 없다. 빠른 이동은 가능하다. 그러나 인도에 있으면서 워싱턴에 있지는 못한다. 시카고에서 싸우는 동안 한국에서 열린 기도회에 가지 못한다. 결코 편재하지 않는다. 무수히 많은 마귀가 전 세계에 흩어져서 사탄의 일을 한다. 그 모든 타락 천사는 주어진 시간에 한 장소에만 머무른다.

전능함은 어떤가? 루시퍼는 결코 모든 능력을 갖고 있지 않다. 분자 하나를 창조할 능력도 없을뿐더러 별과 달과 해를 만들 능력도 없다. 능력의 말로 온 우주를 유지하지도 못한다. 하나님의 창조 능력을 모방하려고 해봐야 위조품 수준을 벗어나기 어렵다. 결코 전능하지 않다.

그렇다면 어떤 면에서 "지극히 높은 자"와 같을 수 있을까? 그는 자신의 독립이 가능하다고 생각했다. 물론 자신이 성취한 일은 언제나 하나님이 하신 일의 그림자일 뿐임을 알았다. 그러나 하나님의 승인 없이 무언가를 할 수 있다는 사실만으로도 위험을 감수할 충분한

하나님의 사탄

가치가 있었다. 그는 명령을 내리는 것이 좋지, 명령을 받고 싶지 않았다. 이것이 솔직한 마음이었다.

사탄이 내세운 독립은 역설적이게도 하나님의 뜻과 목적에 대한 또 다른 형태의 의존이 되었다. 무언가를 결정할 때마다 하나님의 인도를 구하지는 않았지만 그의 모든 반역 행위는 하나님의 신중한 지시와 통제 아래 있다. 하나님께 반역했지만 모든 행동이 하나님의 허용 범위 안에 있다. 그의 독립은 독립이라는 말이 무색할 정도다. 앞에서 말했듯이 더 이상 하나님의 종이 되지 않겠다고 반기를 들었으나 그는 여전히 하나님의 종이다.

뒤에서 사탄의 한계에 대해 보다 자세히 알아보기로 하자. 여기서는 사탄이 하나님의 허락 없이는 욥을 괴롭힐 수 없었다는 사실로 충분하다. 그는 하나님이 보내시지 않으면 사울을 괴롭힐 수 없었다. 사도 바울에게 육체의 가시를 줄 때도 하나님이 정하신 시간적 한계와 강도를 따라야 했다. 독립과는 거리가 멀다. 오히려 노예에 가깝다.

루시퍼가 하늘의 종이 되기보다 지옥의 왕이 되는 편을 택했다는 밀턴의 말이 옳다면 루시퍼의 생각은 큰 착각이다. 유감스럽게도 그는 여전히 하나님의 종이기 때문이다. 게다가 지옥에는 왕이 없다.

종이 되기를 거부했던 자는 다른 차원의 종이 되었다. 자발적으로 종이 되는 대신 마지못해 종이 되어 다른 동기와 목적을 지녔으나 그럼에도 여전히 섬겨야 하는 종이다. 하나님과 평화롭게 있을 때처럼 지금도 하나님의 영광을 위해 존재한다.

사탄은 영원한 비극과 끊임없는 공허 가운데 있다. 하나님을 멸시하고 그분께 거역하고자 했으나 지금도 하나님의 목적을 위해 사용된다. 하나님의 임재 안에서 기뻐하는 대신 영원한 수치 안에 있다. 하나님의 사랑이 있어야 할 자리에 하나님의 증오와 정죄가 자리 잡았다.

루시퍼는 교만 때문에 모든 특권을 내버리고 도박을 감수했다. 하나님을 보좌에서 끌어내리지는 못해도 이 세상 어딘가에서 자신의 보좌를 차지할 수 있다는 생각으로 큰 위험을 시도했다.

하나님을 과소평가하고 자신을 너무 과대평가했다.

하나님의 예측 범위 안에 있는 루시퍼

루시퍼는 자신이 일으킨 혼란에 결과가 따른다는 것을 알았지만 어떤 결과일지는 몰랐다. 그때까지만 해도 하나님께 거역한 선례가 없었기 때문에 누군가의 실수를 통해 배울 기회가 없었다. 일단 선을 넘은 순간 실수를 되돌리기에는 너무 늦었다. 그는 인간을 구원하기 위해 그리스도가 오시는 일이나 영원한 불못에 빠지는 자신의 몰락도 예상하지 못했다.

천사 중 삼분의 일만이 자신과 한패가 되리라는 점도 몰랐다["그 꼬리가 하늘의 별 삼분의 일을 끌어다가 땅에 던지더라"(계 12:4)]. 자신의 권위 아래 있던 천사들이 전부 자신과 함께 독립하는 편에 설 줄로 생각했던 그는 실망이 컸다.

생각해보라. 루시퍼를 존경했던 천사 중 두 명이 여전히 하나님을 경외한다. 자신의 감독과 권위가 없어도 하늘이 잘 돌아간다는 사실에 사탄은 분명 당황했을 것이다. 새로 얻은 권능을 아무리 야심차게

휘둘러도 그의 승리는 여전히 반쪽짜리다.

자신의 실수를 곱씹어본들 그가 할 수 있는 일이라고는 하나님이 다음 행동을 취하실 때까지 기다리는 것뿐이다.

피해를 수습할 수 없는 루시퍼

분명하지는 않지만 내 생각에 루시퍼는 결정을 내린 순간 크게 후회했을 것이다. 그는 밝고 새로운 미래가 열린다는 희망으로 반대편에 무엇이 있는지도 모른 채 미지의 세계에 발을 들여놓았다. 죄를 직접 경험한 그는 가장 중요한 도박에서 최악의 패를 뽑았다. 모든 것이 하나님의 통제 아래 있다는 사실을 모른 채 게임판을 돌렸다. 어느 지점에 멈추든지 그는 언제나 패배자다. 영원히 패배자다.

그는 하나님께 대적하는 나라를 세우고 기뻐할 틈도 없이 패배가 자명하다는 것을 알았다. 홀로서기가 아무리 좋다고 해도 혼자서 패배하고 혼자서 고통받고 혼자서 수치를 당해야 한다면 과연 좋을까?

조금만 더 생각했다면 어땠을까 하는 아쉬움이 남는다. 그는 엉뚱한 기차에 올라탔다. 본인이 선택한 이상 종착지까지 가는 수밖에 없다. 여러 이유에서 회개는 불가능하다.

첫째, 사탄은 과거에나 지금이나 회개할 수 없다. 회개는 하나님이 누군가의 마음에 일하셔서 그 사람에게 주시는 선물이기 때문이다. 사탄이 회개하려면 속에 선한 것이 있어야 하는데 그 안에는 어떤 선함도 보이지 않는다. 그는 철저히 악하며 구제가 불가능할 정도로 악하다. 하나님은 그가 받아야 마땅한 운명 속으로 그를 버리기로 선택하셨다.

앞에서 보았듯이 완전했던 루시퍼 안에 불의가 있었다. 완전한 타락이 일어난 지금 그 안에서 선함은 결코 다시 생기지 않는다. 피조물로서 온전했을 때 악을 범한 그는 이제 오염되었다. 다시는 선할 수 없다. 그의 타락은 완전하고 되돌릴 수 없으며 총체적이다. 그에게는 죄성만 남았다.

둘째, 루시퍼가 회개한다고 해도 그는 구원받을 수 없다. 그의 죄를 위한 희생 제물이 없기 때문이다. 그리스도는 천사들이 아니라 사람의 죄만 담당하셨다. "이는 확실히 천사들을 붙들어 주려 하심이 아니요 오직 아브라함의 자손을 붙들어 주려 하심이라 그러므로 그가 범사에 형제들과 같이 되심이 마땅하도다 이는 하나님의 일에 자비하고 신실한 대제사장이 되어 백성의 죄를 속량하려 하심이라"(히 2:16-17).

사용이 가능한 대속물이 없는 상태에서 루시퍼의 반역 행위는 취소 불가능하고 영구적이며 폐지 불가능하다. 루시퍼에게 이 세상의 여정은 영원한 수치와 모멸로 가는 길이다. 다음 기회는 없다.

루시퍼는 중요한 교훈을 배웠다. 피조물은 실수를 저지르지만 실수를 바로잡지 못한다. 의도하지 않은 결과의 법칙은 영원히 적용된다. 오직 하나님만이, 그분이 원하실 때 불순종의 결과를 그대로 두거나 바꾸신다.

하나님을 이해하는 데 한계를 가진 루시퍼

하나님의 기본 속성은 거룩함이다. 한때 하나님과 같이 되기를 바랐던 루시퍼는 하나님과 지극히 멀리 있다.

하나님이 천사들에게 어디까지 자신을 알리셨는지는 알 수 없으나 루시퍼는 하나님이 자신의 영광을 누군가와 결코 나누지 않으신다는 사실을 알았을 것이다. 높이 오르고 싶은 욕망이 커질수록 더욱 크게 몰락할 수밖에 없다.

하나님의 사랑이 엄격한 형벌을 조금이라도 줄여줄 거라고 루시퍼가 잘못 판단한 것이 아닐까? 정확히 알 수는 없지만 루시퍼는 하나님의 온전한 사랑을 직접 본 적이 있었다. 당시에는 정의라는 개념 자체가 존재하지 않았다. 세상에 불순종이 없기 때문에 하나님의 분노가 표출될 필요도 없었다. 루시퍼는 하나님이 자신의 영광을 지키기 위해 어디까지 일하실지를 가늠할 수 없었다.

루시퍼는 자신이 하나님을 안다고 생각했지만 아직 모르는 부분이 한두 가지가 아니었다. 혼자 힘으로는 결코 알 수 없는 일이 있다는 것을 인정하고 믿었다면 그의 미래는 달라졌을 것이다. 이제야 하나님에 대해 좀 더 알게 되었지만 너무 늦었다.

시간과 영원의 차이를 이해하는 데 한계를 가진 루시퍼
루시퍼는 일시적 찬사가 영원한 굴욕을 대신할 수 없고, 순간의 경배가 영원한 경멸을 대신할 수 없으며, 일시적 흥분이 영원한 고통을 대신할 수 없음을 알았어야 한다. 지옥에서 보내는 한 시간은 하나님께 거역한 순간의 전율을 영원한 망각 속에 지워버린다.

여기서 우리가 알아야 할 교훈이 있다. 영원한 결과가 나쁘다면 지금 좋아 보인다고 해서 그 결정을 좋게 평가하기는 어렵다. 다시 말해 이 세상에서 내린 결정이 좋으려면 영원한 결과가 좋아야 한다. 미래와 과거를 아는 존재만이 우리의 최선을 결정할 수 있다. 우리는 시간의 굴레 안에서 판단하지만 하나님은 영원의 차원에서 판단하신다.

루시퍼는 간간이 전투에서 승리하지만 전쟁으로 보면 패배가 자명하다. 그가 하나님을 조금만 더 심각하게 생각했다면 언제나 정확한 형벌을 내리시는 전능하신 하나님을 과소평가하는 실수를 저지르지 않았을 것이다. 죄의 중대함은 죄가 자행된 대상의 중대함으로 결정된다. 루시퍼는 엄청난 실수를 저질렀다.

하나님의 반응

이 모든 일이 벌어지는 동안 하나님은 어디 계셨을까? 하나님은 언제나처럼 "모든 일을 그의 뜻의 결정대로 일하고"(엡 1:11) 계셨다. 하나님은 루시퍼의 타락에 놀라지 않으셨다. 하나님은 루시퍼가 반역할 것을 알면서도 그를 만드셨다. 루시퍼의 타락은 위대한 계획의 일부였다.

일부 천사가 루시퍼의 편에 서고 일부는 하나님과의 관계를 유지한 이유를 생각해보면 하나님의 영원한 목적이라는 신비에서 답을 찾을 수 있다. 신약성경에서 타락하지 않은 천사들은 "택하심을 받은 천사들"(딤전 5:21)이라 불렸다. 그들은 하나님의 명령을 거역하는

　　　　　　　　　　　　　　　　　　　하나님의 사탄

죄에서 보호받았다. 다른 천사들은 자발적으로 넘어졌지만 그 넘어짐마저도 하나님의 계획을 성취하는 도구였다. 타락은 광대한 이야기의 서막이다.

하나님은 영원 전에 모든 일을 예상하셨다. 천사를 하나 이상 만들기로 결정하기 한참 전에 루시퍼와 그의 운명을 알고 예정하셨다. 하나님은 새로 배우실 일이 없다. 어떤 일이 일어난 뒤에야 비로소 세부사항을 아시는 것도 아니다. 모든 일을 이미 정확히 아신다.

하나님께는 다양한 선택권이 있다.

루시퍼를 힘으로 눌러서 완전히 뭉개버리거나 다른 행성으로 추방시키는 것도 방법이다. 사탄과 졸개들을 은하계 어딘가에 있는 흑암의 수용소에 가두어 어리석은 결정을 평생 후회하며 지내게 하거나 단번에 불못으로 던져버릴 수도 있다. 응당한 처분으로 보인다.

그러나 하나님은 루시퍼(이제는 사탄으로 불리는)를 사용하여 악이 세상에 들어오지 않았다면 영원히 감추어졌을 진실을 드러내기로 결정하셨다. 루시퍼와 하나님, 정의와 선악이 갈등을 벌이는 드라마가 세상에 시작되었다.

그런데 몇 가지 규칙이 있다.

1. 사탄은 세상에 대한 지배권을 부여받고 거짓말을 퍼뜨릴 수 있다. 타락 전에 가졌던 힘과 지식이 여전히 있지만 그것들은 왜곡되었다. 여러 세기가 지난 후 그리스도는 사탄을 가리켜 "이 세상의 임금"(요 12:31, 참고. 14:30, 16:11)이라고 하셨다. 예수님은 자신에게 이 세상 나라를 주겠다는 사탄의 말을 부정하지 않으셨다.

2. 하나님은 사탄이 자신의 나라를 성공적으로 통치할 수 있는지 확인할 시간을 주신다. 자신이 일으킨 혼란 속에서 질서를 바로 잡을 수 있는가? 세상이 주어졌을 때 제대로 통치할 수 있는가?

3. 하나님은 자신의 거룩과 공의를 타협하지 않고 사탄을 동등한 위치에서 만나시며, 자신의 적에게 영적·도덕적 승리를 거두신다. 전능하신 하나님은 능력만이 아니라 의로움으로도 승리하신다. 싸움은 누가 강한지도 결정하지만 누가 의롭고 정의로운지도 결정한다. 양측 모두 자신의 편을 모집한다.

자기 나라를 가지고 싶었던 자의 결말은 연합이 아니라 분열이다. 나라를 세우기는커녕 파괴할 뿐이다. "빛이 있으라"고 외치지만 흑암에 싸여 공허한 메아리만 들어야 한다. 진리를 건지지 못하고 거짓말만 받아들인다. 프랜시스 톰슨(Francis Thompson)의 말처럼 사탄의 앞날은 노래가 아니라 통곡이다.

> **사탄의 앞날은 노래가 아니라 통곡이다.**

루시퍼는 똑똑하지만 지혜롭지 않다. 우리는 마음에 그의 반역의 피 한 방울을 갖고 태어났다. 우리는 루시퍼와 하나님 사이에 서서 집중 공격을 받는다. 승자와 패자 중 어느 쪽을 선택하느냐가 우리의 운명을 결정한다. 당신은 당신이 사랑하고 섬기는 하나님과 영원히 함께할 것인가? 이야기가 막 시작되었다.

3

동산의 뱀

03
동산의 뱀

방향을 바꾸기란 결코 쉽지 않다.

90년대 초반 기독교 기관을 비롯한 많은 투자자가 뉴이어러(New Era)라는 투자 기관 때문에 많은 재정 손실을 보았다. 고객들은 단체에 투자하고 높은 수익을 받았는데 일부의 경우 수익이 두 배에 달했다. 기부자들은 자선 단체를 도우려는 마음에서 돈을 냈다. 나중에 알고 보니 높은 수익률은 신규 투자자들이 낸 비용에서 조달한 것이었다. 이 사기 행각을 벌인 설립자는 좋은 동기로 시작했으나 손을 쓸 수 없는 지경에 이르렀다고 했다. 처음 몇 년은 아무도 의심하지 않았다. 돈을 융통할 신규 자금도 충분하여 어떻게든 운용이 가능했다.

운영 초기 뉴이어러의 설립자 겸 대표는 결정해야 할 상황에 직면했다. 파산을 인정하고 고통스러운 결과를 맞이할 것인가? 신규 자금을 유치하여 어떻게든 몰락을 지연시키고 계속 파멸의 길로 갈 것인가? 안타깝게도 그는 후자를 택했다. 실체가 드러날 때가 되자 피해자는 수십이 아니라 수백 명에 달했으며, 총 손실액은 수십만 달러가 아니라 수백만 달러에 이르렀다. 사기 행각을 지속할수록 손실액이 커지고 피해자가 늘었다.

사탄은 모든 경고음을 무시했다. 타락한 이후에도 사탄은 계속 이렇게 불순종하면 고통이 더욱 클 거라는 생각을 분명히 했을 것이다. 죄를 범한 순간 지옥행이 이미 확정되었지만 싸움에서 물러났다면 고통이 덜했을 것이다. 그는 어리석게도 잠깐의 승리에 도취되어 불못의 큰 고통이 잠시 연기되었을 뿐이라는 사실을 자각하지 못했다. 그래서 우리가 아는 악한 행각이 계속 일어나고 있다. 그는 전능하신 하나님이 결국 승리하신다는 사실을 알면서도 하나님께 저항하는 쪽을 선택했다.

사탄은 후퇴하기는커녕 갈등을 고조시키기로 작정한다. 패배를 인정하기에는 자존심이 상했다. 싸움을 멈추고 심판을 받기보다는 계속 저항하는 무모함을 택한다. 망상을 현실로 착각하고 패배를 승리로 여겼다. 반역 행위가 확대되면서 장차 받을 형벌이 가중되었다.

그는 다른 천사들까지 동원했다. 자신이 섬기던 천사의 나라를 닮은 나라를 세우겠다는 생각은 구미가 당기는 아이디어였다. 그의 숨은 야욕은 하늘 아래에서 자기 밑에 있는 자들을 직접 통제하는 것이었다. 하나님께 순종하는 것을 노예 행위라고 생각했던 그는 사람들을 자신의 노예로 만들려 애쓰고 있다.

하나님의 사탄

이미 말했듯이 일부 천사들은 그를 따랐다. 루시퍼가 타락하기 전 그의 권위 아래 있던 천사들은 루시퍼의 인도를 따라 저항 세력에 동참했다. 충성심의 발로이든 권력욕과 독립욕 때문이든 그들은 루시퍼의 무모한 도박에 함께하기로 결정했다. 배신한 대신 그들은 스스로 길을 개척하고 나라를 세움으로써 만족할 수 있으리라 생각했다.

얼마나 많은 천사가 사탄을 따랐을까? 전체 천사 중 3분의 1이 동참했다면 반역한 천사의 수는 수억 명에 달한다. 하나님이 만드신 천사의 수는 알 수 없지만 성경에 따르면 "그 수가 만만이요 천천"(계 5:11)이라고 했다. 루시퍼의 편에 선 인원이 몇이든 간에 또한 그들이 알든 모르든 간에 그들은 죄를 지은 순간 파멸의 길에 들어섰다.

사탄의 다음 목표물은 사람이었다. 그는 창조된 아담과 하와를 보자 이제까지 목격한 가상 신기한 피조물이라고 생각했나. 그들은 하나님의 형상으로 만들어진 데다 천사들도 받지 못한 하나님과의 교제권을 부여받았다. 애초에 사탄은 하나님을 대적하는 편에 사람들을 끌어들이기로 작정하고 갖은 노력을 기울였다.

아담과 하와가 천사들과 다른 측면이 또 하나 있다. 사람은 출산을 통해 자손을 번식한다. 개별적 창조가 아니라 성적 결합을 통해 번식한다. 인간의 자손은 피로 연결되며, 어머니, 아버지, 형제, 자매, 사촌이 있다.

이 같은 가족의 결속은 사탄과 졸개들에게 의미하는 바가 크다. 천사들이 지은 죄는 개별적이다. 한 천사가 내린 결정은 다른 천사가 내리는 결정에 직접적으로 영향을 주지 않는다. 그래서 천사 3분의 1이 루시퍼 편에 섰지만 나머지 3분의 2는 하나님과 사랑의 관계를 유지했다.

사람은 그렇지 않다. 아담과 하와가 죄를 지으면 그들만이 아니라 그들의 자손에게도 영향을 준다. 최초의 인류이자 장차 부모가 되는 두 사람이 내리는 결정은 좋든 나쁘든 인류 역사 전체에 영향을 주므로 그만큼 책임이 막중하다. 인간이라는 특이한 피조물에게 사탄이 특별한 관심을 가질 만한 이유가 충분하다.

사탄은 아담과 하와를 향한 하나님의 명령을 듣고 하나님의 넉넉함에 놀랐다. "여호와 하나님이 그 사람에게 명하여 이르시되 동산 각종 나무의 열매는 네가 임의로 먹되 선악을 알게 하는 나무의 열매는 먹지 말라 네가 먹는 날에는 반드시 죽으리라 하시니라"(창 2:16-17). 두 사람은 한 나무만 제외하고 동산에 있는 모든 나무의 열매를 먹을 수 있었다. 천 개가 허락되고 딱 하나만 허용되지 않은 셈이다.

사탄은 적절한 때를 기다렸다. 다양한 수를 고려했다. 유혹할 타이밍과 적절한 수단이 중요했다. 기회는 한 번뿐이었다.

거짓말 전략

예수님의 말씀 중 타락한 천사의 생각과 행동을 보여주는 표현이 있다. 그는 "거짓말쟁이요 거짓의 아비"(요 8:44)다. 그는 거짓으로 일관한다. 사탄의 서명을 보았다면 속임수가 없는지 확인해야 한다.

하나님의 사탄

자신의 정체에 대한 거짓말

그는 하나님의 원수 마귀로 접근하지 않는다. 자신의 추악한 분노와 사악한 본심을 드러내면서 아담과 하와에게 올 수도 있었다. 그러나 그에게는 내세울 만한 진실이 없다. 그는 자신의 정체를 드러내지 않고 겉모습을 숨긴다. 사람들을 속이기 위해 자신의 본질과 다른 모습으로 변신한다. 무서운 모습이 아니라 부드럽고 격려하며 조언하는 모습으로 온다.

사탄은 물리적 실체를 가진 무언가를 통해 자신을 나타낼 수는 있으나 무에서 유를 만들지는 못한다. 그래서 그는 하나님이 만드신 짐승의 몸을 사용한다. 인류 최초의 부모를 유혹하여 자신의 통제와 권위 아래 두기 위한 도구로 뱀이 선택된다.

인간은 하나님처럼 문장을 사용하여 개념을 전달하고 추상적인 생각을 말한다. 그러나 동물은 지각, 즉 특정한 반응을 일으키는 신호로만 소통한다. 사탄이 어떻게 뱀과 소통했는지는 알 수 없으나 사람처럼 말하는 재능을 자신만이 줄 수 있다고 말했을 것이다. 오직 사탄만이 뱀을 말하게 할 수 있다는 주장이다.

뱀은 땅 위를 스치듯 나아가는 혐오스러운 동물이 아니라 본래 아름다운 피조물이었을 것이다. 하와는 뱀이 무섭지 않고 자연스럽게 끌렸다. 처음 보는 동물에게 매혹되었을 뿐 자신을 파멸하기 위해 접근한 동물이라고는 꿈에도 몰랐다.

사탄은 줄곧 동일한 전략을 사용해왔다. 다윗 왕에게 접근할 때 이렇게 말하지 않았다. "다윗, 나는 네 놈이 죽도록 싫다. 무슨 수를 써

서라도 네 삶을 망쳐놓겠어…너와 네 가족, 네 나라를 무너뜨릴 거야. 도미노 효과의 첫 단계로 우선 밧세바와 간음하는 일에 협조해주어야겠어."

사탄은 환각제나 술이 가져올 결과를 미리 알려주지 않는다. 포르노, 간음, 거짓의 결과도 교묘히 숨긴다. 성경, 그리스도, 구원에 대해 그릇된 믿음을 가진 사람들의 최후를 알려주지 않는다. 사람들에게 그들이 원하는 것을 주지만 결과적으로는 사탄이 원하는 대로 유도하는 것이 그의 전략이다.

쥐를 잡으려면 쥐덫이 필요하다. 덫을 사용하면 모습을 드러내지 않고도 목표물을 잡을 수 있다. 덫은 결과를 감춘 상태에서 음식과 성취라는 핑크빛 약속을 제시한다. 쥐는 치즈만 볼 뿐 철사와 강력 스프링은 신경 쓰지 않는다. 마찬가지로 사탄은 영적 세계에서 일어나는 무수한 활동에 우리가 무지한 상태로 있기를 바란다. 우리가 현재 상황을 정상으로 여기고 함정을 의심하지 않기를 바란다. 그러나 함정 뒤에 그것을 설치한 사냥꾼이 있듯이 거짓말 뒤에는 거짓말쟁이가 있다. 바울은 이렇게 경고한다.

뱀이 그 간계로 하와를 미혹한 것 같이 너희 마음이 그리스도를 향하는 진실함과 깨끗함에서 떠나 부패할까 두려워하노라 만일 누가 가서 우리가 전파하지 아니한 다른 예수를 전파하거나 혹은 너희가 받지 아니한 다른 영을 받게 하거나 혹은 너희가 받지 아니한 다른 복음을 받게 할 때에는 너희가 잘 용납

하나님의 사탄

하는구나(고후 11:3-4).

사탄은 달콤한 메시지와 거짓 보증으로 가득한 전혀 다른 복음을
전하는 일에만 관심이 있다. 뻔
한 거짓말을 할 때도 있지만 보
통은 사실과 거짓을 혼합한다.
진리에 무지하면 거짓에 속수무
책으로 당하기 쉽다. 앞을 보지
못하면서 본다고 믿는 사람은
거짓말에 넘어간 바보다.

> **66**
> 앞을 보지 못하면서도
> 본다고 믿는 사람은
> 거짓말에 넘어간
> 바보다.
> **99**

하나님의 본질에 대한 거짓말

사탄은 입을 열자마자 하나님이 이미 끝낸 말씀에 의문을 제기한다.
우선 하나님에 대한 아담과 하와의 생각을 왜곡한다. 그는 하나님
을 비열하고 무정하며 인간의 본성에 내재된 여러 가능성에 위협을 느
끼는 존재로 묘사한다. 이렇게 질문한다. "하나님이 참으로 너희에게
동산 모든 나무의 열매를 먹지 말라 하시더냐"(창 3:1)? 절대로 먹으면
안 되는 나무가 하나 있는데 불순종하는 날에는 죽는다는 하와의 말
에 뱀이 대답한다. "너희가 결코 죽지 아니하리라 너희가 그것을 먹는
날에는 너희 눈이 밝아져 하나님과 같이 되어 선악을 알 줄 하나님이
아심이니라"(4-5절).

하나님이 너를 속이시는 것이다. 금지된 나무의 열매를 먹지 말라

고 하신 진짜 이유는 따로 있다. 열매를 먹고 전능한 하나님처럼 될까 봐 그러시는 것이다. 그분은 영광을 원한다. 영광을 받을 정당한 권리가 있으신 것도 아니다. 그저 사람에게 좋은 것을 주기 싫어서 그러시는 것이다. 하나님은 언제나 흥을 깨는 거짓말쟁이다.

여기서 주목할 점이 있다. 사탄은 아담과 하와가 금지된 한 가지, 먹어서는 안 되는 나무 한 그루에 집중하게 했다. 풍요로운 동산에 줄지어 서 있는 수백 그루의 나무에 대해서는 눈이 멀게 만들었다. 무수히 많은 긍정적인 부분을 무시하고 부정적인 부분 하나에 몰두하게 만들었다. 뱀은 하와를 아직 갖지 못한 것에 집중하게 하면 이미 가진 모든 것에서 기쁨을 빼앗을 수 있다는 것을 알았다.

속이려고 온 자가 하나님을 기만으로 몰아가고, 진리를 말할 수 없는 자가 하나님이 진실하지 않다고 주장한다. 사탄은 자신을 해롭지 않은 존재로 보임으로써 자기 자신을 기만하고, 하나님을 해로운 존재로 보임으로써 하나님에 대해 거짓말한다.

바로 그것이다. 오늘날에도 그리스도인들은 세상을 보며 자신에게 부족한 것이 많다고 생각하는 유혹을 받는다. "그리스도인이 아니라면 훨씬 재미있게 살 수 있을 텐데!" 십대들만의 생각이 아니다. 우리는 남들이 죄를 짓고 쾌락을 즐기는 동안 자신은 하나님의 무한한 은혜에 감사하며 집구석에만 있어야 한다고 생각할 때가 종종 있다. 만왕의 왕이신 하나님의 자녀들이 이렇게 자기연민에 빠져 있다.

우리는 왜 이렇게 자주 유혹에 넘어질까? 우리를 향한 하나님의 방법이 최선이 아니라는 거짓말에 넘어가기 때문이다. 하나님께 순종하

하나님의 사탄

면 그분께만 좋을 뿐 우리에게는 좋을 것이 없다는 생각이 마음속에 있다. 루터는 "모든 죄는 하나님에 대한 모독"이라고 했다. 고의적으로 죄를 범하지는 않아도 하나님에 대해 잘못 생각하는 사람이 많다. 그러나 하나님을 제대로 알면 언제나 의로움을 선택한다. 사탄의 포석은 전능하신 하나님에 대한 그릇된 인식을 심는 것으로 시작한다.

생각해보면 하나님은 선악을 알게 하는 나무 주변에 울타리를 설치하여 자신의 선하심을 이미 보이셨다. "먹지 말라"는 말씀이 울타리에 해당한다. 하나님이 아담과 하와, 그들의 미래에 관심이 많으시다는 자비와 은혜의 증거다. 하나님이 말씀하신 제약은 우리에게 해악이 아니라 유익이다.

반역의 유익에 대한 거짓말

뱀은 하와에게 정반대로 말한다. "너희가 결코 죽지 아니하리라 너희가 그것을 먹는 날에는 너희 눈이 밝아져 하나님과 같이 되어 선악을 알 줄 하나님이 아심이니라"(4-5절). 하나님은 "너희가 반드시 죽으리라"고 하셨는데 사탄은 "너희가 결코 죽지 아니하리라"고 한다.

아담과 하와에게 하나님 말씀을 반대로 말한 부분에 주목하라. 뱀은 그토록 선하신 하나님이 어떻게 아담과 하와를 죽게 놔두시겠느냐며 두 사람이 하나님과 같아질까 봐 하나님이 미리 막으신 것이라고 혼동을 일으킨다.

"하나님과 같이 되어 선악을 알 줄 하나님이 아심이니라." 이것은 사탄의 야무진 꿈이었다. 그는 하나님처럼 되고 싶었다. 하나님을 보좌에서 몰아내고 자신이 하늘 보좌를 차지하고 싶었다. 사탄은 아담과 하와에게 자신의 말에 순종하면 자신의 망상에 참여하게 해주겠다고 말한다.

뱀은 자신이 지극히 높으신 하나님처럼 될 수 없음을 알고 있었다. 악한 존재로 변모한 직후 알았을 것이다. 자신이 중대한 실수를 범했으며 하나님을 이기기가 불가능하다는 것도 뼈저리게 깨달았을 것이다. 그런데도 그는 꿈이 산산조각 난 채 자신의 영원한 파멸에 아담과 하와를 끌어들인다. 도박을 시도했다가 크게 손해 본 그는 결과를 알면서도 두 사람에게 주사위를 던지라고 유혹한다.

열매를 먹자 사탄의 말이 거짓임이 증명되었다. 두 사람은 열매를 먹은 날 죽었다. 그들의 몸은 육체적으로 죽기 시작했다. 되돌릴 수 없는 쇠퇴의 과정이 천천히 진행되었다. 그들은 하나님과 분리됨으로써 영적으로 죽었다. 하나님이 개입하지 않으시면 영원히 죽을 수밖에 없다.

사탄이 제대로 말한 부분이 한 가지 있다. 아담과 하와는 이제 악이 무엇인지 경험을 통해 알았다. '선과 악'을 깨달았다. 그들은 양심이 오염되고 하나님과의 거리감을 깊이 체감했다. 영혼에 타락이 파고들었다.

사람은 타락을 통해 성장한다는 뉴에이지 지지자들의 말이 사실일까? 위로 오르기 위한 추락이라고 보아야 할까? 뉴에이지에서는 뱀과 여자의 행동이 사람에게 깨달음을 주었다는 면에서 뱀과 여자를 구세주라고 가르친다. 열매로 인해 그동안 감추어졌던 특별한 사실을 알게 되었다는 논리다.

그러나 악에 대한 경험적 지식이 있다고 해서 하나님처럼 되지는 않는다. 아담과 하와가 얻은 지식은 끔찍한 것이었다. 프란시스 쉐퍼 (Francis Schaeffer)는 이렇게 설명한다. 불에 가까이 가지 말라는 엄마의 말을 따르지 않은 아이가 불길에 넘어져서 괴로워하다가 사흘 만에 죽은 경우를 생각해보라. 아이는 지식을 얻었지만 과연 그 지식은 가치가 있는가?[1]

> 66
> 우리가 범하는 모든 죄는
> 에덴동산에서 벌어진
> 최초의 거짓말을
> 확증한다.
> 99

아담과 하와는 하나님과 창조에 대한 지식을 얻었다. 세상을 지배하는 데 필요한 모든 것을 받고 배웠다. 지식을 구하는 일 자체는 악하지 않으나 특정한 지식을 구하는 일은 하지 말았어야 했다.

성공적 기만

아담과 하와는 서늘할 때 동산에서 하나님과 거니는 특권을 받았다. 다양한 나무의 열매도 먹을 수 있었다. 필요한 것이 있으면 하나님께 아뢰면 되었다. 하나님은 그들이 마음에 소원하는 대로 주셨다. 이것이 하나님의 천국이다.

말씀은 이렇게 이어진다. "여자가 그 나무를 본즉 먹음직도 하고 보암직도 하고 지혜롭게 할 만큼 탐스럽기도 한 나무인지라 여자가 그 열매를 따먹고 자기와 함께 있는 남편에게도 주매 그도 먹은지라"(6절). 완벽한 환경에서도 그들은 죄를 범했다.

워렌 위어스비(Warren Wiersbe) 목사는 무디 교회에서 한 설교에서 하와가 뱀의 말을 믿는 과정을 이렇게 설명한다.

> 하와는 보았고 호기심이 생겼다.
> 하와는 땄고 도둑이 되었다.
> 하와는 먹고 반역자가 되었다.
> 하와는 주고 유혹자가 되었다.

옆에 있던 아담은 아내가 나무에서 열매를 따먹는 동안 잠자코 있었다. 심지어 하와가 열매를 건네주자 받아먹었다. 오늘날에도 만연한 거짓말, 즉 피조물이 창조주처럼 될 수 있다는 말에 넘어간 순간이었다. 다른 모든 거짓말은 이 최초의 거짓말의 연장선에 있다. 우리가 죄를 지을 때마다 에덴에서 자행된 최초의 거짓말이 확인된다.

신약에서는 아담이 아니라 하와가 속았다고 말한다(딤전 2:13-14). 하와가 속은 이유는 뱀을 하나님의 사신으로 여겼기 때문이다. 하와는 하나님이 처음 주신 계시를 명확히 하기 위해 뱀을 보내신 거라 생각했다. 그녀는 하나님이 하신 말씀과는 상충되지만 더 많은 깨달음을 얻고 싶었다. 새로운 깨달음이 이전의 지식을 능가한다고 생각했다.

뱀이 하나님 편에서 말하지 않는다는 것을 하와가 어떻게 알 수 있었겠는가? 자신의 감정이 어떤지를 확인하거나 탐스러운 열매가 정말 악한지를 눈으로 확인하고 분석해서는 알 수 없다. 열매는 매우 보암직했으며 뱀의 말을 확인할 거짓말 탐지기도 없었다.

많은 사람이 계시의 출처에 대한 주관적 감정 때문에 쉽게 속는다. 거짓 선지자나 사탄은 감언이설로 확신과 희망을 속삭인다. 하와가 할 수 있는 가장 합리적인 행동은 하나님의 말씀과 뱀의 말을 비교하는 것이었다.

인간의 머리로 판단하면 하나님이 만드신 열매고 보기에 좋으므로 당연히 먹어도 괜찮다는 생각이 든다. 그러나 인간의 판단은 제한적이라서 큰 그림을 보지 못한다. 모든 일은 보이는 것이 전부가 아니다.

이렇게 생각할 수 있다. 나쁜 나무가 아니므로 나쁜 열매를 맺을 리가 없다. 하나님이 만드신 모든 것이 선하지 않은가. 다른 나무와 본질적으로 다르지 않다. 하나님은 "이 강을 건너지 말라"거나 "이 산에 오르지 말라"고 훨씬 알아듣기 쉽게 말해주실 수도 있었다. 나무는 인간이 하나님의 음성에 순종하는지, 아니면 하나님 편이라고 주장하는 뱀의 음성에 순종하는지를 보는 시험이었다.

하와가 실수하지 않으려면 뱀에게 거짓말하지 말라고 했어야 한다. 어떤 방법이 최선인지 알려면 자신을 들여다보는 대신 객관적인 사실을 보아야 한다.

오늘날 많은 복음주의자가 성경만으로 충분한 지침이 되는지, 추가적인 계시와 확인이 필요한지를 두고 논란을 벌인다. 일부에서는 성경의 가르침과 명백히 위배되지 않는다면 환상, 예언, 꿈을 믿어야 한다고 주장한다. 일부에서는 성경과 일맥상통하더라도 주관적 계시는 속임을 당할 여지가 많다고 주장한다.

어느 목사는 아내와 헤어지고 몇 달 뒤 훨씬 젊은 새 신부를 데리고 교회에 복귀했다. 많은 성도가 이혼과 재혼을 이유로 그에게 사역자로서 자격이 없다고 생각했지만 목사는 고통의 시간을 보내면서 금식하고 기도할 때 하나님이 교회로 돌아가 사역하라고 "말씀하셨다"고 했다. 당회는 목사를 리더십에서 제외한다면 하나님 말씀에 불순종하는 것이라 판단했다. 그래서 성경이 제시하는 자격 기준으로 사람을 판단하지 않고 목회자의 주관적 경험을 그대로 수용했다. "하나님께 기도했고 나에게 말씀하셨다"는 그의 말만 믿은 것이다.

성인이나 마리아, 죽은 친척의 환상은 하나님의 말씀과 어긋나 보이지 않는다. 그러나 그것을 하나님의 계시로 받아들인 사람은 믿음과 행위의 기준으로 성경이면 충분하다는 사실을 부인한다. 사람들은 가야 할 방향을 깨닫고 믿음을 촉진하기 위해 여러 계시가 필요하다고 말한다. 그러나 역사가 거듭 보여주듯이 계시와 환상은 복음을 왜곡하고 사람들을 잘못된 길로 인도하는 함정인 경우가 많다. 우리는 하나님의 음성과 사탄의 음성을 혼동하기가 쉽다. 우리는 주관적 계시를 추가로 구하면서 성경의 최종성에 의문을 품는다.

사탄이 지구에 처음 등장했을 때 그는 하나님의 계시와 동등하거나 훨씬 우월한 '계시'를 제시했다. 그는 말하기를 좋아한다. 자기가

하나님의 사탄

하나님과 더 가까우므로 자기 말을 듣기만 하면 모든 문제가 해결된다는 식으로 떠벌리기를 좋아한다.

하와는 꾐에 넘어갔지만 아담은 알면서도 열매를 먹었다. 그는 하나님께 온 메시지가 아니라는 것을 알았지만 먹음직스러운 열매를 먹는 모험에 아내와 동참하기로 결정했다. 금지된 열매가 더 달콤한 법이다. 독립은 순종이 주지 않는 흥분을 일으킨다.

루시퍼와 마찬가지로 아담과 하와는 더는 모든 것이 예전 같지 않음을 깨닫는다. 아담은 땅이 저주를 받아서 얼굴에 땀을 흘려야 먹을 것을 얻을 수 있었다(창 3:19). 하와가 맞이한 결과는 이러하다. "내가 네게 임신하는 고통을 크게 더하리니 네가 수고하고 자식을 낳을 것이며 너는 남편을 원하고 남편은 너를 다스릴 것이니라"(16절).

마귀가 깨달은 사실을 아담과 하와도 깨닫게 뇌었다. 불순종의 결과는 예측하기 어렵고, 걷잡을 수 없으며, 전적으로 우리 손을 벗어난다. 두 사람을 집어삼킨 수치심은 그들과 모든 후손이 겪어야 하는 고통스러운 삶의 시작에 불과했다. 그들은 장차 세상에 닥칠 사기와 폭력, 잔학을 예견하지 못했다. 산에서 무심코 빼낸 돌이 산사태를 일으키자 두 사람은 몸서리치게 두려웠다.

상실한 권위

아담과 하와는 동물에게 속았다.

그들은 동산에서 이 피조물을 내쫓을 권세가 있었다. 아예 지구에서 쫓아버릴 수도 있었다. 하나님이 주신 권세를 진지하게 받아들였다면 피조물이 부리는 허세를 단호히 거절했을 것이다. 그러나 그들은 어리석게도 뱀의 말을 따랐다.

하나님의 말씀이다. "우리의 형상을 따라 우리의 모양대로 우리가 사람을 만들고 그들로 바다의 물고기와 하늘의 새와 가축과 온 땅과 땅에 기는 모든 것을 다스리게 하자"(창 1:26). 하나님의 형상으로 만들어진 사람은 온 세상 피조물을 다스릴 수 있었다. 사람은 하나님과 하나님이 만드신 피조물 사이에 있었다. 프란시스 쉐퍼의 말처럼 그 권세에는 도덕적 책임이 따른다. 무엇이든 괜찮다는 생각은 금물이다. 하나님의 원칙에 따라 세상을 다스려야 한다.

새와 물고기와 기어 다니는 모든 것이 사람의 권세 아래 있었다. 불청객 뱀이 동산에 나타나 사람에게 친한 척하며 말을 걸었지만 뱀도 사실은 아담의 명령을 따라야 하는 피조물이었다. 새와 물고기가 아담 아래 있었듯이 뱀도 아담의 입에서 나오는 말을 따라야 했다.

그러나 아담은 자기보다 아래 있는 피조물에게 넘어갔다. 하나님이 맡기신 책임을 저버리고 동물의 말을 들었다. 피조물 중 두 다리로 당당히 설 수 있는 인간이 피조물의 제안을 듣기 위해 몸을 굽혔다.

아담이 떨어뜨린 주권을 사탄이 잽싸게 집었다. 세상의 왕이 되어야 할 인간이 노예가 되어 사슬에 묶인 신세가 되었다. 이제 인간은

• 씨를 뿌려도 추수가 가능할지 알 수 없다.

- 건물을 세워도 태풍, 허리케인, 지진으로 무너질 수 있다.
- 성적 자유를 즐기지만 결별, 배신, 성병으로 끝난다.
- 의학적 신비 하나를 해결해도 또 다른 문제가 생긴다.
- 우정을 쌓지만 질투, 불신, 증오를 견뎌야 한다.
- 죽음의 노예가 된다. 아무리 많은 보험에 가입하고 좋은 의사가 많아도 결국 죽음에 희생된다.

아담과 하와는 이솝 우화에서 물에 비친 모습을 보고 입에 문 뼈다귀를 놓친 개처럼 하나님과의 교제를 신기루와 맞바꿨다. 사탄의 약속은 속 빈 강정이며 독까지 묻어 있다. 되돌릴 방법도 없다.

에덴동산에서 사람의 머리에 놓인 왕관이 떨어지자 사탄이 흙 묻은 왕관을 집어서 머리에 썼다. 그러나 그의 승리는 얼룩진 승리다. 반하우스의 설명이다.

그는 양손으로 권세의 검을 잡았으나 칼날 부분을 잡는 바람에 베인 상처로 두 손으로 음식을 먹지 못하고 땅에서 핥아먹어야 한다. 무엇을 먹든지 흙이 묻은 흙 맛이다.[2]

그는 세상이 자신에게 속한 것처럼 세상을 대한다. 사람과 하나님을 떼어놓는 데 성공했으나 여전히 할 일이 많다. 다음 목표는 사람의 충성과 경배다.

하나님의 대응

이 일을 대비하셨던 하나님은 약속하신 대로 심판을 내리셨다.

아담과 하와에 대한 심판

열매를 먹은 날 그들은 죽었다. 죽음은 과정이자 위기다. 죽음은 아담과 하와가 열매를 먹은 순간 그 과정이 시작되었다. 과정이 끝나면 심각한 위기가 닥친다. 영혼과 몸의 분리가 일어난다.

이것보다 심각한 일은 인간의 영혼이 하나님과 분리되는 것이다. 아담과 하와, 그들의 후손은 기준을 상실했다. 플러그가 뽑힌 전등처럼 아담과 하와와 하나님 사이에 수치심이라는 장벽이 놓였다.

그들은 불안한 양심이 일으킨 자각 때문에 '선악'을 알게 되었다. 하나님과 분리된 그들은 서로에게서 분리되었다. 그들은 서로에게서 또 하나님에게서 숨기 위해 무화과 잎사귀로 몸을 가렸다. 영혼의 분리라는 내면의 단절을 겪으며 혼란스러운 세상에서 위태로운 피조물로 살게 되었다.

뱀에 대한 심판

"여호와 하나님이 뱀에게 이르시되 네가 이렇게 하였으니 네가 모든 가축과 들의 모든 짐승보다 더욱 저주를 받아 배로 다니고 살아 있는 동안 흙을 먹을지니라"(창 3:14). 내가 알기로는 유일하게 뒤로 갈 수 없는 동물이 뱀이다. 여기에는 상징적인 의미가 있다. 판결을 받은 에덴의 뱀은 동지와 함께 약탈을 지속하며 계속 나락으로 떨어진다.

하나님은 뱀이 여자와 원수가 되고 여자의 후손이 뱀의 머리를 상하게 할 것이라고 약속하셨다. 다음 장에서 약속의 구세주에 대해 알아보기로 하자. 아담과 하와가 저지른 상황에 대해 하나님은 이미 대비하고 계셨다. 아담과 하와가 자발적으로 먹은 것도 하나님이 예견하신 일이다. 하나님은 대비책까지 마련해두셨다.

드러난 하나님의 영원한 계획

누군가가 우리의 머리를 제트기 날개에 바싹 갖다 댄다면 우리는 눈앞의 물체가 무엇인지 감을 잡을 수 없다. 번쩍이는 금속은 전혀 예술적으로 보이지 않는다. 폭과 길이가 어마어마해서 전체 모습을 가늠하기 어렵다. 길고 납작한 물체의 목직이 무엇일지 추측만 할 뿐이다. 그러나 시야를 넓혀 조금 떨어져서 보면 전체 모습이 눈에 들어온다.

하나님은 우리에게 뒤로 물러나 영원의 관점에서 하나님의 계획을 보게 하신다. 그러면 사탄과 마귀의 악한 계획이 눈에 들어온다. 물론 모든 것을 보지는 못하지만 지난 과거를 어렴풋이 볼 수 있다. 그때 발견하는 사실은 하나님이 피조물을 창조하시기 전에 이미 청사진을 갖고 계셨다는 것이다. 루시퍼의 타락과 뒤이은 인간의 타락은 위대한 계획에 포함되어 있었다. 바울은 디도에게 "하나님의 종이요 예수 그리스도의 사도인 나 바울이 사도 된 것은 하나님이 택하신 자들의 믿음과 경건함에 속한 진리의 지식과 영생의 소망을 위함이라 이 영생은 거짓이 없으신 하나님이 영원 전부터 약속하신 것인데"(딛 1:1-2)

라고 했다.

하나님은 "영원 전부터" 약속하셨다. 창조 이후가 아니라 영원한 과거를 말한다. 바울은 디모데에게 하나님이 "우리를 구원하사 거룩하신 소명으로 부르심은 우리의 행위대로 하심이 아니요 오직 자기의 뜻과 영원 전부터 그리스도 예수 안에서 우리에게 주신 은혜대로 하심이라"(딤후 1:9)고 했다. 히브리서 저자는 우리가 "영원한 언약의 피"(히 13:20)로 구원받았다고 했다.

영원 전에 세워진 하나님의 언약은 천사나 사람들과 맺은 것이 아니라 삼위일체 사이에 맺은 계약이다. 성자 하나님을 온전히 사랑하신 성부 하나님은 특별한 사랑의 표현으로 자기 아들에게 인류 구원이라는 선물을 약속하셨다. 오래전 이미 인간의 타락과 그 이후 벌어질 구원이 광대한 계획의 일부로 예견되었다. 그리스도는 사람들을 "아버지께서 내게 주시는 자"(요 6:37, 10:29, 17:9)라고 하셨다. 아울러 "창세 전부터" 아버지께서 아들을 사랑하시고 아들이 사랑받은 것같이 우리를 사랑하신다고 하셨다(요 17:23-24). 뱀이 최초의 인간을 거짓말로 속이기 훨씬 전부터 우리는 이미 사랑받았다.

요한은 핍박을 견뎌야 하는 자들에 대해 이렇게 말한다. "죽임을 당한 어린 양의 생명책에 창세 이후로 이름이 기록되지 못하고 이 땅에 사는 자들은 다 그 짐승에게 경배하리라"(계 13:8). 아담과 하와가 죄를 지었기 때문에 하나님의 계획이 변경되어 생명책이 만들어진 것이 아니다. 하와가 에덴동산에서 보기 좋은 열매를 먹기 전에 이미 구원얻을 사람들은 생명책에 기록되었다.

여기서는 하나님이 어떤 일을 왜 하셨는지에 대한 모든 의문을 설명하지 않겠다. 하나님의 신비로운 계획은 매우 풀기 어려운 문제지만 우리는 바울의 말로 기뻐할 수 있다. "곧 창세 전에 그리스도 안에서 우리를 택하사 우리로 사랑 안에서 그 앞에 거룩하고 흠이 없게 하시려고"(엡 1:4). 어떻게 영원한 과거가 현재가 될 수 있는지와 같은 일을 설명하려고 애써보아야 소용없다. 하나님이 선택하신 일이며 창세 전에 그리기로 하셨다는 사실에 기뻐하자.

아담과 하와가 죄를 지었을 때 하늘에서 긴급회의가 소집되지는 않았다. 모든 계획을 취소하고 뱀의 소행에 반격하거나 이미 완벽하게 계획된 전략을 수정할 필요도 없었다. 하나님의 계획은 모든 것을 망라한다. "만물이 그에게서 창조되되 하늘과 땅에서 보이는 것들과 보이지 않는 것들과 혹은 왕권들이나 주권들이나 통치자들이나 권세들이나 만물이 다 그로 말미암고 그를 위하여 창조되었고"(골 1:16).

하늘과 땅의 모든 것이 그로 말미암고 그를 위하여 창조되었다. 눈에 보이는 것과 보이지 않는 것들이 그로 말미암고 그를 위하여 창조되었다. 왕권들이나 주권들이 그로 말미암고 그를 위하여 창조되었다. 선하든 악하든 천사들도 그로 말미암고 그를 위하여 창조되었다.

인간의 타락은 결국 하나님의 권능에 대한 더욱 큰 경배와 더욱 큰 감사와 더욱 큰 계시로 마무리된다. 하나님의 은혜, 그분의 정의와 사랑은 이미 드러났다. 사탄이 된 루시퍼는 과거에 그랬듯이 앞으로도 하나님의 영광을 위해 존재한다. 다른 동기를 가진 루시퍼를 하나님은 친구가 아니라 원수로 대하신다. 그는 언제나 하나님의 명령을 따라야 한다.

사탄은 자신의 목적을 절반만 달성한 채 에덴동산을 떠났다. 그는 인간을 하나님과 떼어놓는 데 성공했으나 아직 할 일이 많다. 인간이 스스로 선택한 길을 가는 것만으로 만족하기는 이르다. 사탄이 원하는 것은 뱀의 길을 따르는 사람이다. 하나님과 분리되어 뱀과 밀착된 사람이 바로 마귀가 원하는 사람이다.

뱀은 인간을 하나님과 떼어놓기 위해 밀교의 씨를 뿌리고 함정 뒤에 숨어서 자신이 경배받을 기회만 노린다. 그의 목표는 종교 경험을 복제하는 것이다. 사람들이 하나님을 경배했다고 생각할 때 사실은 사탄을 경배하도록 만드는 것이다.

에덴에서 선포된 다섯 가지 거짓말은 고대 바벨론이나 오늘날 미국에서 활개 치는 모든 사이비 종교의 핵심이다. 뱀이 하는 말을 최소한 몇 명은 듣는다.

하나님의 사탄

4

뱀의 종교 전략

04
뱀의 종교 전략

잠시 뱀의 머릿속으로 들어가보자.

만약 당신에게 지구상에 사는 모든 사람을 속이겠다는 사악한 욕심이 있다면 어떻게 하겠는가? 사람들이 자기 생각이라고 믿도록 그들의 머릿속에 생각을 주입할 수 있다면 어떻게 하겠는가? 경배를 받고 싶은 욕구로 가득하지만 악한 본심을 인간에게 보여서는 안 된다. 그들이 받아들이지 않을 수 있다. 그러므로 사람들이 납득할 만한 종교를 세워 배후에서 조종해야 한다. 그 목표는 사람들이 사실은 사탄을 경험하지만 하나님을 경험하고 있다고 확신하게 만드는 것이다. 변장을 해서라도 경배를 받는 편이 아무 경배도 받지 못하는 것보다 낫다는 계산이다.

에덴동산에서 거짓 종교의 뿌리가 시작되었다. 사탄은 아담과 하와를 유혹할 때 하나님의 존재를 부정하지 않았다. 아담과 하와를 무신론자로 만드는 것이 아니라 다른 신을 경배하도록 유도했다. 사탄은 인간의 충성을 두고 하나님과 경쟁을 벌인다.

거짓 종교가 하는 거짓말

거짓 종교에는 여러 형태가 있으나 기본 전제를 다섯 가지로 요약할 수 있다. 동양의 종교든 현대의 뉴에이지 사상이든 전부 에덴에서 뿌려진 씨의 열매다. 그 운명의 날에 사탄은 세상을 속이기 위해 거짓말을 했다. 어떤 거짓말인지 이제부터 알아보자.

환생의 거짓말

하나님은 아담과 하와가 금지된 나무에서 열매를 먹는 날에는 "반드시 죽으리라"(창 2:17)고 말씀하셨다. 이미 설명했듯이 그들의 몸에 변화가 없었지만 죽음의 과정은 이미 시작되었다. 그들은 무덤으로 내려가야 하는 운명이 되었다. 하나님의 말씀은 틀림이 없었다.

열매를 먹으면 죽는다는 하나님의 명백한 경고에 대적하기 위해 사탄은 "너희가 결코 죽지 아니하리라"(창 3:4)고 약속한다. 전능하신 하나님의 말씀과 확연히 대조되는 말이다.

뱀의 거짓말은 사실인가? 아니다. 그것은 사탄도 알고 있다. 아담과 하와는 죽었고 이후 세대도 마찬가지로 죽었다. 세계 곳곳에 있는

하나님의 사탄

묘지가 사탄의 말이 거짓이라는 증거다. 우리 주변에는 죽음으로 가득하다. 모두가 죽음을 두려워한다. 심지어 무신론자들도 죽음의 순간을 두려워한다.

기발한 속임수와 사기를 통해 뱀의 거짓말이 수백만 명에게 전해졌다. 이후 환생이라는 개념으로 정리되고 재해석되었다. 현세의 몸은 죽지만 이 세상 어딘가에서 다른 몸으로 계속 산다는 논리다. 즉 온전함을 추구하면 더 많은 기회를 얻고 다른 몸으로 계속 세상에 살 수 있다. 현세에서 쌓은 지혜는 다음 생에 사용된다. 심판이 없으므로 죽음도 두렵지 않은 것이다.

환생은 영혼이 세상의 다양한 몸을 두고 의자놀이를 한다고 가르친다. 이번 생에는 이 사람이었다가 다음 생에는 다른 사람이 된다. 각 생에서 쌓은 수양에 따라 위로 아래로 계속 전진한다는 것이다. 한 뉴에이지 커플이 마지막 입맞춤을 하고 금문교에서 몸을 던졌다. 남자는 차에 이런 메모를 남겼다. "여러분 모두 사랑해요! 계속 살고 싶지만 서둘러야겠어요. 궁금해서 참을 수가 없어요."

환생은 업보라는 잔인한 사상에 근거한다. 그것은 모든 사람은 자신의 행동에 대해 대가를 치른다는 비인간적이고 불가역적인 법이다. 악은 다음 세상에서 벌을 받고 선은 언제나 상을 받는다. 사람마다 지상에서 시작하는 삶의 수준이 다르다. 어떤 사람은 죄 때문에 모든 특권을 박탈당하고, 어떤 사람은 선한 행실 때문에 높은 계급으로 태어나 열반으로 향한다. 힌두교가 좋은 예다. 힌두교는 사람을 다섯 계급으로 구분한다. 카스트의 네 계급과 카스트에 속하지 않는 불가

촉천민이 있다. 힌두교에서 가난한 사람은 부자를 섬기기 위해 존재한다.

업보의 가르침으로 본다면 세상은 부당하지 않다. 모든 일은 과거의 선과 악 때문에 일어난 것이기 때문이다. 얼마나 잔인한 교리인가! 학대받는 아이에게 "전생에 지은 죄에 합당한 일을 겪는 것"이라고 하다니 말이 되는가?

뉴에이지 신봉자로 유명한 배우 셜리 맥클레인(Shirley MacLaine)은 "죽음은 없다"고 자신 있게 말한다. 그녀는 이전 생에서 아틀란티스의 공주였고, 페루의 잉카족이었으며, 코끼리들의 보살핌을 받았다는 사실을 '발견'했다.

이런 사상에 따르면 죽음은 두려워할 일이 아니다. 죽음 자체가 없기 때문이다. 죄의 대가를 청산할 신도 없다. 그저 지금 모습 그대로, 원하는 방법대로 믿으면서 살면 된다. 셜리 맥클레인의 말을 인용하면 인생은 마치 영화 촬영과 비슷하다. "제대로 할 때까지 계속해야 한다."

> 66
> 가장 눈부신 기만행위:
> 종교 경험을
> 위조하는 것.
> 99

환생은 마귀의 거짓말을 그럴듯한 이야기로 만든다. 대중적으로 받아들여지는 교묘한 속임수다. 환생은 영혼의 환생이 아니라 마귀의 환생에 근거한다. 악령과 접촉한 사람들이 과거의 시간과 장소를 아는 경

하나님의 사탄

우가 종종 있다.

어찌되었든 오늘날 많은 사람이 속아 넘어가 인간이 결코 죽지 않는다는 마귀의 말을 믿는다.

은비주의의 거짓말

사탄이 진리의 기본인 하나님의 말씀을 제쳐두고 대체물로 사용한 것은 무엇일까? 그는 하와의 "눈이 밝아질 거라고"(창 3:5) 약속했다. 깨달음을 얻어서 신비한 통찰력을 갖게 된다는 말이다.

사탄의 궁극적인 목표는 사람들이 간음을 저지르거나 점성술을 찾거나 수정 구슬로 병이 낫게 하는 것이 아니다. 그런 일들은 기만행위의 정점인 위조된 종교 경험으로 가는 디딤돌일 뿐이다. 그는 사람들이 사탄인 사신과 내면하고 진짜 하나님을 만난 것으로 착각하기를 원한다. 이런 깨달음은 '사탄적 회심'이다.

은비주의(esotericism)로 알려진 이 개념은 참된 영성으로 이끄는 의식의 변화를 신봉한다. 뉴에이지 관련 자료에는 빛이나 깨달음(각성)이 자주 등장한다. 이교도 그리스와 로마에서 깨달음은 자신의 영혼을 깊이 추구함으로써 얻는 비밀스러운 지식에 근거한다. 현실적으로는 영적인 존재를 대면하는 것과 관련된다.

메릴린 퍼거슨(Marilyn Ferguson)은 『물병자리의 음모』(*The Aquarian Conspiracy*)라는 책에서 '돌이킬 수 없는 전환'이 우리를 압도한다고 했다. 이는 새로운 시스템이 아니라 새로운 사고를 말한다. 사회는 "인간의 가능성에 대한 개념의 확대와 의식의 변화"를 향해 변하고 있다.[1]

악한 영들이 이 가짜 '회심'의 경험을 일으키는 주요 통로는 두 가지다.

첫 번째 통로는 '초월적 명상'이다. 목표는 모든 의식적 생각을 비우는 것이다. 이런 명상이 지향하는 것은 우주의 통일된 힘과 인간의 영혼을 하나로 연합하는 것이다.

나는 무언가를 생각할 때 세상의 사물과 나를 다른 존재로 인식한다. 그러나 신비주의자들은 그런 구별 없이 비인격적인 에너지로 충만한 광대한 바다에서 자아를 잃어버리는 경험을 해야 한다고 말한다. 정상적인 사유를 중지하고 우주의 신적인 힘에 의지를 굴복시켜야 한다는 것이다.

뉴에이지의 가르침에 따르면 우리는 '지혜로운 현자들'과 접촉하여 그들에게서 통찰력과 에너지를 얻는다. 우리는 다양한 '힘'과 접촉할 수 있으며, 신과 연합하기를 바라는 우리의 열망을 기꺼이 도와줄 신들을 주변에서 얼마든지 찾을 수 있다. 이런 신들은 우리가 변화되도록 돕는다.

세상은 루시퍼의 반역에 동참한 악한 영들로 가득하다. 그들은 사람들이 종교적 경험을 하게 하는 데 열심이다. 이런 권세들과 조우함으로 우리는 소위 '깨달음'을 얻는다. 사탄이 아담과 하와에게 했던 약속처럼 뉴에이지는 사람을 신처럼 되게 하는 의식의 변화가 가능하다고 주장한다.

두 번째 통로는 환각제다. 퍼거슨은 환각의 경험을 현실을 새로이 자각하게 하는 지름길로 설명한다. 아네트 홀랜더(Annette Hollander)는 『자녀의 신앙생활을 돕는 방법』(*How to Help Your Child Have a Spiritual Life*)

하나님의 사탄

이란 책에서 마약에 취한 상태에서 신비 체험을 했던 사람들을 소개한다.[2]

많은 사람이 마귀는 사악한 생각만 속삭인다고 착각한다. 그들도 좋은 충고와 바른 교리를 말한다. 예수님이 지상에 계실 때 마귀는 그분을 그리스도라고 불렀다.

마귀는 손쉬운 사람들을 속이면서 왜곡된 만족을 즐기는 거짓말의 명수다. 목적 달성에 필요하면 서슴지 않고 진리를 사용한다. 반쪽짜리 진실이 필요할 때는 그것을 무기로 사용한다. 그 중 최고의 무기는 거짓말이다. 각 개인에게 마귀가 배치된다. 그들은 자기가 맡은 대상의 역사와 행동을 연구하고 과거를 철저하게 파악한다. 사람이 죽은 뒤에도 악한 영들은 세상을 떠난 가족과 대화하기를 원하는 친척이나 친구들과 소통할 수 있는 가능성을 열어둔다. 영매는 죽은 사람을 불러내어 소통을 시도한다. 그 소통은 고인과 나누는 대화가 아니라 고인을 잘 아는 마귀와 나누는 대화다. 성경은 이들을 '신접한 자'라고 한다.

C. S. 루이스(C. S. Lewis)는 마귀가 행하는 기만의 최고 형태가 종교 경험의 모방이라는 것을 알았다. 그의 작품에서 주인공으로 나오는 악마 스크루테이프는 부하 웜우드에게 이렇게 지시한다. "나에게는 한 가지 위대한 소망이 있다. 언젠가 적당한 때가 되면 과학을 감상적으로 만들고 신화화함으로써 원수[하나님]를 믿으려고 하는 인간의 마음이 미처 열리기 전에 우리에 대한 믿음을(우리의 이름은 감춘 채) 슬금슬금 밀어 넣는 방법을 터득할 날이 오고야 말리라는 것이다."[3]

이런 식으로 에덴의 거짓말은 수 세기 동안 인간을 사로잡았다. 수백만 명이 눈이 열리는 깨달음을 경험했다고 말한다. 그들은 핵심 조직에 속했기 때문에 서로를 알며 창시자들에게 속했다고 주장한다.

에덴의 씨앗은 쓰디쓴 열매를 낳았다.

범신론의 거짓말

뱀의 거짓말에서 핵심은 "너희가…하나님과 같이 되어"(창 3:5)라는 부분이다. "너희가 신들과 같이 되어"(흠정역)가 아니라 "너희가 하나님(엘로힘) 같이 된다"고 했다.

하나님 같이 된다니 정말 대단한 생각이다. 그러나 사람은 우주와 별과 나무를 사람이 만들지 않았다는 사실을 알 정도의 지적 능력이 있다. 따라서 이 거짓말을 사람들에게 전파하려면 다소 조정이 필요하다.

거짓말을 생존하게 하는 유일한 전략은 존재하는 모든 것에 신성을 부여하는 것이다. 이런 식이다. "나는 신이다. 자연도 신이다. 모든 것이 신이다."

범신론(pantheism)은 하나님이 모든 종교에 계시다는 개념이다. 접두사 팬(pan)은 '전부'를 의미한다. 말 그대로 존재하는 모든 것이 하나님이라는 생각이다. 신성의 수준에 따라 존재의 수준이 다양하다. 범신론은 쉽게 말해 "하나님이 모든 것이고 모든 것이 하나님"이라는 생각이다.

범신론자는 우주의 최후 실체를 영적인 것이라고 생각한다. 그들에게 물질은 환상이다. 생각의 우주 속으로 들어가려면 물질 우주의 존재를 부정해야 한다. 이로써 진정한 영적 우주와 닿을 수 있다.

범신론에서는 사람이 자신의 구원자다. 기독교에서는 사람이 죄를 범하여 그리스도께 구원받아야 한다고 가르치지만 범신론은 사람이 타락하지 않고 하나님이 타락했다고 가르친다. 이런 식이다. 한때 물질과 생각은 하나로 연합되어 있었다. 그들은 하나님이라 불리는 하나의 지속적인, 통합된 힘이었다. 그러나 물질과 생각이 분리되었고 이 간극을 우리가 해결해야 한다. 구원은 물질과 생각이 명상을 통해 재결합됨을 의미한다.

출간 후 큰 논란을 불러일으킨 『그리스도 최후의 유혹』(*The Last Temptation of Christ*)의 저자 니코스 카잔차키스(Nikos Kazantzakis)의 말이다. "우리를 구원할 분은 하나님이 아니다. 싸우고 창조하고 물질을 영으로 바꾸어 하나님을 구원할 사람은 우리다."[4]

이런 논리다. 속죄(atonement)란 태초의 창조와 '하나됨'(at-one-ment)을 의미한다. 따라서 구원의 가능성은 전적으로 우리에게 달려 있다. 우리가 물질과 영의 '타락한 신'을 불러 모아서 하나님을 구원한다.

범신론은 인간의 생명을 평가절하한다. 내가 당신을 신이라고 말하면 당신은 대단한 찬사로 여길 것이다. 그러나 동일한 말을 해충이나 잡초에게도 할 수 있다면 더 이상 찬사가 아니다.

인간의 신성은 말세에 널리 신봉되는 거짓말이다. 바울은 적그리스도가 와서 사탄과 협력한다고 했다. 그는 자신이 하나님이라고 주장하며 세상은 그 말을 믿는다. "하나님이 미혹의 역사를 그들에게 보내사 거짓 것을 믿게 하시기"(살후 2:11) 때문이다.

많은 사람이 그를 하나님이라 믿으며 적그리스도를 경배한다. 그런데 우리 모두가 이미 신이라면 굳이 어느 특정 인물을 하나님의 현현이라고 생각할 이유가 있을까?

"너희가 하나님과 같이 된다"는 에덴의 거짓말은 이렇게 전 세계에 퍼져 있다.

상대주의의 거짓말

"하나님과 같이 되어 선악을 알 줄 하나님이 아심이니라"(창 3:5).

사탄은 아담과 하와에게 '선악'에 대한 경험적 지식을 약속했다. 그 경험으로 인해 인간은 이제 홀로 남겨진 상태에서 스스로 선과 악을 구별한다. 최소한 뱀의 말로는 그렇다. 인간이 신이 되었으므로 이제부터 직접 규칙을 만든다.

우리가 알다시피 뱀의 말이 맞는 부분이 있다. 불순종은 아담과 하와에게 악에 대한 새로운 지식을 주었다. 그들은 악을 추상적인 개념으로만 안 것이 아니라 양심을 끊임없이 찌르는 현실로 깨달았다. 그들의 도덕적 인식은 흐릿해졌다. 그들은 생각과 마음에서 완전히 제거되지는 않았지만 모양이 훼손된 하나님의 형상과 그들의 생활방식을 조율하기 위해 노력해야 한다.

그러나 타락한 상태에서는 선과 악을 하나님처럼 구별하지 못한다. 홀로 떨어진 그들은 죄로 가득한 지각과 얼룩진 양심의 단편적인 지식으로 자신들의 행동 규칙을 직접 결정한다. 그들의 직관이 옳다고 판단한 것에 어울리는 삶도 살지 못한다. 결국 도덕과 진리가 통합된 시스템을 찾으려는 희망을 버리고 상대주의자로 전락한다.

상대주의(Relativism)는 '나에게 사실인 것이 남에게 사실이 아닐 수 있다'는 개념이다. 철학자이자 교육학자인 존 듀이(John Dewey)는 미국에서 상대주의가 존중을 받는 데 기여한 인물이다. 그는 도덕성도 언어처럼 문화마다 다양하므로 하나의 도덕관이 다른 도덕관보다 우월하다고 말할 수 없다고 생각했다.

상대주의는 우리 문화에 널리 퍼져 있다. 텔레비전에 유부남과의 불륜을 인정하는 여성의 인터뷰가 나왔다. 청중에 따라 불편할 수도 있겠다고 생각했는지 그녀는 마지못해 이렇게 덧붙였다. "물론 제 행실이 모두에게 인정받기는 어려울 수도 있어요. 하지만 저한테는 최선이에요."

동양 종교에서는 다양한 이유로 상대주의를 믿는다. 하나님이 모든 것이라는 말이 사실이라면 하나님이 악이라는 말도 가능하다. 그래서 힌두교는 선과 악이 환상에 불과하며 서로 다르게 보일 뿐이라고 가르친다. 미국인에게 선불교를 알리는 데 기여한 앨런 와츠(Alan Watts)는 이렇게 설명한다. 인생은 연극과 비슷하다. 선한 사람과 악한 사람이 무대 아래로 내려오면 싸우지만 무대 뒤에서는 최고의 친구다. 무대 뒤에서는 하나님과 사탄이 절친이라는 논리다.

위대한 동양 사상가로 추앙받는 옌먼(Yen-Men)의 말을 인용하면 이렇다. "참된 진리를 원한다면 옳고 그름을 신경 쓰지 마라. 옳고 그름을 분별하려는 갈등은 마음의 병을 낳을 뿐이다."[5]

상대주의의 논리에 따르면 악이 존재하지 않으므로 사람의 문제는 죄가 아니라 무지다. 우리에게 필요한 것은 깨달음이다. 따라서 내가 누군가를 어떻게 대하느냐에 대해 죄책감을 느낄 필요가 없다. 배신, 절도, 상해는 나에게 후회를 남기지 않는다. 객관적인 행동 기준에 얽매이는 것은 구식이며 불필요하다. 그런 기준 자체가 존재하지 않기 때문이다.

상대주의가 서양 문화의 옷을 입었든 비합리적인 동양 사상의 옷을 입었든 결과는 똑같다. 객관적인 도덕 기준이 없다면 극악무도한 범죄도 정당화될 수 있다. 게다가 자신이 신봉하는 상대주의 원리대로 사는 사람은 없다. 누군가가 상대론자의 차를 훔치거나 그의 아내를 강간한다면 그도 즉시 객관적인 도덕 기준에 호소할 것이다.

상대주의는 타락한 존재인 우리 안의 양심과, 그것이 아무리 불완전해도, 맞지 않는다. 우리는 상황이나 문화가 어떠하든 악이 존재한다는 것을 안다. 우리는 따로 떨어져 있으면 이성적으로 신념을 유지하기가 어렵다. 그래서 각자 자기만의 잣대를 만든다.

아담과 하와가 알게 된 선악의 지식은 축복이 아니라 저주가 되었다. 사람은 그 스스로 직관적으로 아는 옳고 그름의 기준을 어겼다는 죄책감을 해결하고 양심을 달래는 일에 많은 에너지를 소비한다. 대부분이 한계선을 지우고 자기 마음대로 한다.

세상을 지배하는 거짓말이 하나 더 있다.

쾌락주의의 거짓말

무엇이 하와를 부추겨서 하나님께 불순종하게 만들었을까? 사실 그녀는 뱀이 하나님의 명령을 구체적으로 설명해준다고 생각하여 속아 넘어갔다. 거기에 더하여 금지된 열매라는 매력도 하와를 잘못된 길로 인도했다.

> 여자가 그 나무를 본즉 먹음직도 하고 보암직도 하고 지혜롭게 할 만큼 탐스럽기도 한 나무인지라 여자가 그 열매를 따먹고 자기와 함께 있는 남편에게도 주매 그도 먹은지라(창 3:6).

하와의 직관은 이렇게 말한다. "느껴, 생각하지 마!" 마치 이런 식이다. 객관직 사실은 냉정하고 가혹하나. 하나님 말씀보나 삼성이 중요하다. 세상은 이성으로 이해할 수 없으며 우리의 지식은 만족스럽지 않다. 감정이 이끄는 대로 해라.

세상은 "마음은 자기가 원하는 것을 원한다"는 우디 앨런(Woody Allen)의 철학을 따른다. 무엇을 믿느냐는 중요하지 않다. 마음 가는 대로 따라가라. 이런 생각으로 남자들은 다른 여자와의 행복을 찾아 아내를 떠나고, 여자들은 자신의 꿈을 위해 남편을 떠난다. 그들은 "한 번뿐인 삶, 열정을 따르라"는 광고 문구대로 산다. 모두가 "자기 소견에 옳은 대로" 한다.

쾌락주의라는 말은 성적 쾌락에 대한 집착과 연결될 때가 많지만 사회적으로 적용 범위가 넓다. 쾌락이나 행복이 최고의 선이라는 논리는 여러 악행을 촉발하는 불꽃이다.

철학자들은 우리의 행복만이 아니라 절대 다수의 행복을 극대화하는 방법으로 행동해야 한다면서 쾌락주의를 제한하려 든다. 이런 생각은 극악무도한 악을 정당화하는 데 사용된다. 이 논리에 따라 히틀러는 600만 명의 유태인이 9,000만 독일인의 행복에 걸림돌이 된다는 믿음으로 다수의 행복을 지키는 의무를 다했다. 터무니없는 거짓말이다.

하나님, 뱀, 사람

사탄은 하와가 열매를 먹은 다음 옆에 서 있던 아담에게 건네주는 모습을 보고 기분이 한껏 들떴다. 하나님께 반역하겠다는 결정 이후 생겼던 근심 걱정이 일순간에 사라졌다. 인간을 하나님과 떼어놓는 데 성공했다. 인간은 사탄 편에 붙은 것처럼 보였다. 사탄은 인간이 이제부터 자신과 함께 하나님 반대편에 섰다고 생각했다. 모든 천사를 자기편으로 이끌지는 못했지만 인간이라는 피조물을 자기편으로 만들었다. 그는 자신감이 넘쳤다. 아담과 하와의 죄는 그들의 자손까지 오염시켰다.

하나님이 서늘한 시간에 동산을 거니실 때 아담과 하와는 하나님을 맞으러 달려오기는커녕 무화과 나뭇잎으로 몸을 가리고 나무 뒤에 숨었다. 이미 엎질러진 물이었다. 양심에 어둠이 내려앉은 그들로서는 상황을 바로잡을 힘이 없었다.

필라델피아의 어느 담벼락에서 "험티 덤티*는 떠밀려서 떨어졌다"는 그래피티를 보았다. 스스로 초래한 상황을 언제나 남의 탓으로 돌리는 우리 모습과 비슷하다. 하나님이 아담에게 나무의 열매를 먹었느냐고 하시자 아담은 대답을 거부하고 아내를 탓했다. "하나님이 주서서 나와 함께 있게 하신 여자 그가 그 나무 열매를 내게 주므로 내가 먹었나이다"(창 3:12). 하나님이 만드신 의지 약한 여자에게 잘못이 있다는 말이다. 그가 상대를 잘못 골라서 결혼했을 리가 없는데도 그는 아내에게 비난의 화살을 돌렸다.

> **깨진 달걀은
> 다시 붙일 수 없다.**

루시퍼가 그랬듯이 아담과 하와는 엎질러진 물을 담을 수 없음을 깨달았다. 선반에서 떨어진 달걀 험티 덤티를 다시 붙이지 못하는 것과 마찬가지다. 오직 하나님만이 손상된 피조물의 아름다움을 되돌리실 수 있다. 달걀로 설명하면 사람은 달걀을 깨뜨리기로 선택할 수는 있어도 깨진 달걀을 되돌릴 수는 없다.

하나님은 업신여김을 받지 않는 분이기 때문에 뱀에게 분명히 말씀하셨다. "내가 너로 여자와 원수가 되게 하고 네 후손도 여자의 후손과 원수가 되게 하리니 여자의 후손은 네 머리를 상하게 할 것이요 너

---

*루이스 캐럴의 소설 『거울나라의 앨리스』에 나오는 달걀 모양의 캐릭터 -편주

는 그의 발꿈치를 상하게 할 것이니라"(창 3:15).

구약의 첫 번째 복음이 등장한다. 하나님은 싸움에 관여하신다. 거짓 종교라는 나무는 아무리 억세도 언젠가는 베어내야 한다. 싸움이 아무리 치열해도 하나님이 승리하신다. 아담과 하와가 할 수 없는 일을 하나님은 하신다. 에덴동산에서 벌어진 사건에 대한 하나님의 반응에서 몇 가지 주목할 점이 있다.

1. 하나님이 싸움의 주도권을 쥐신다. 하나님은 "내가 하리라"(I will) 고 하신다. 루시퍼도 "내가 하리라"고 했는데 하나님도 똑같이 "내가 하리라"고 하셨다. 세상의 지배권을 두고 양측의 의지가 충돌한다. 사람이 하나님께 눈을 돌려 도움을 청하기 전에 하나님이 이미 약속하셨다. 치워야 할 문제가 있으면 하나님이 치워 주시겠다는 약속이다. 하나님은 깨진 달걀도 다시 붙여주는 분이다.

2. 뱀은 중재자에게 짓밟힌다. 뱀에게 속은 것이 여자였다면 악한 뱀을 짓밟는 것은 여자의 후손이다. 여자는 치명적인 타격을 가할 사내아이를 낳는다. 하나님은 "여자의 후손은 네[뱀] 머리를 상하게 할 것"(15절)이라고 하셨다.

3. 이 승리는 고난을 통해 성취된다. 인류를 위한 구원이 임하겠지만 구원은 결코 쉬운 일이 아니다. 이 적대 관계는 서로에게 상처를 남긴다. 여자의 후손이 뱀의 머리를 상하게 하고, 뱀은 구원자의 발꿈치에 상해를 입힌다(15절). 그 차이는 상대를 KO시키

하나님의 사탄

는 펀치와 손등을 찰싹 치는 타격의 차이다.

사탄은 하나님의 개입을 예상하지 못한다. 그는 하나님이 주도권을 잡으시고 사람을 그분과 화해하게 하신다는 사실을 몰랐다. 자신의 파멸과 몰락이 예정되었다는 사실도 몰랐다. 자신이 싸움을 주도하고 있다고 착각했으나 주도권은 이미 그의 손을 떠났다. 뱀과 인간의 싸움이 아니라 뱀과 하나님의 싸움이라는 불길한 예감은 점차 사실로 드러났다.

거짓말이 클수록 형벌도 크다. 뱀은 자신의 배신 행위에 대해서만이 아니라 그로부터 기인한 모든 불순종에 대해서도 심판을 받는다. 승리로 보이는 모든 순간이 사실은 패배다. 지금 아무리 극심한 혼란을 일으킨다고 해도 하나님은 영원 전부터 모든 일을 바로잡으셨고 앞으로도 그러실 것이다.

하나님은 캔버스에 엉망으로 뿌려진 물감으로 걸작을 완성하신다. 뱀은 오늘만 볼 뿐 미래는 보지 못한다. 그러나 하나님이 보시는 그림은 전혀 다르다. 창세전에 하나님이 하신 영생의 약속은 성취되었다.

뱀이 상상하지 못한 일이 또 있다. 존 뉴턴(John Newton)은 자신이 저지르지 않은 죄가 있을지 말해보라고 친구들에게 떠벌릴 정도로 사악한 인물이었으나 결국 하나님께 구원받고 유명한 찬송시를 남겼다.

나 같은 죄인 살리신
주 은혜 놀라워

잃었던 생명 찾았고
광명을 얻었네

거기서 우리 영원히
주님의 은혜로
해처럼 밝게 살면서
주 찬양하리라

뱀은 하나님의 약속을 듣고도 패배를 인정하지 않았다. 짓밟힐 것
이라는 말을 들었지만 끝까지 해볼 작정이었다. 나날이 위험이 커지
는 만큼 파멸은 더욱 크다.

그는 하나님의 계획이 좌절되리라는 헛된 희망으로 반격을 이어갔
다. 승리한 것처럼 보이는 순간들도 있다. 그는 현실 대신 망상을 택
했다. 아무것도 없는 것보다는 헛된 희망이라도 붙드는 게 낫기 때문
이다.

싸움이 갈수록 치열해진다.

하나님의 사탄

뱀의 반격

05
뱀의 반격

사실 여부가 불분명하지만 한 이야기로 시작해보자. 어느 건설회사가 신규 사업을 위해 여러 시공사를 입찰에 초청했다. 동등한 조건 아래 최저 입찰가를 제시한 업체에 기회가 돌아갈 예정이었다. 입찰가는 당연히 비밀이다.

입찰 마감일에 한 시공업체 대표가 신청서를 들고 건설회사 대표 사무실로 왔다. 사무실은 비어 있었다. 그는 넓은 마호가니 책상을 바라보며 잠시 서 있었다.

가만 보니 책상 위에 경쟁사의 입찰서가 있었다. 하필이면 가장 중요한 금액 부분에 음료수 캔이 떡하니 놓여 있었다. 상대방 입찰가만 알면 그에 맞춰 비용을 살짝 조정하여 수백만 달러 규모의 공사를 따낼 수 있었다.

그는 모든 위험을 감수하고 조심스럽게 발을 옮겼다. 캔을 잠시 들어 수치만 확인하고 다시 내려놓을 생각이었다. 캔에 손을 갖다 댔으나 엄두가 나지 않았다.

다시 한 번 사무실을 둘러보고 아무도 없다는 걸 확인하고는 잽싸게 숫자만 볼 요량으로 캔을 들어올렸다. 순간 당황스러운 일이 벌어졌다. 캔을 들자 거품이 흘러서 책상과 바닥이 난장판이 되었다.

그는 의도하지 않은 결과의 대가를 톡톡히 치렀다. 정직하지 않은 행동이 초래하는 결과를 스스로 통제할 수 있다고 생각했지만 유혹 뒤에는 예상하지 못한 일이 따랐다. 하나의 행동이 뜻밖의 반향을 일으켰다. 음료수 캔은 눈에 보이는 모습이 전부가 아니었다.

순수하지는 않아도 순진했던 아담과 하와는 자신들의 행동이 온 우주를 뒤흔드는 영적, 도덕적 지진을 일으켰다는 사실도 모른 채 하나님께 불순종했다. 루시퍼가 그랬듯이 그들은 불순종한 행위 하나가 초래할 영적·도덕적 여진을 꿈에도 몰랐다. 작은 악행이 끊임없이 더 큰 악행을 낳자 당혹감을 감출 수 없었다.

앞에서 천사들이 개별적으로 창조되고 개별적으로 타락했다는 사실을 살펴보았다. 그들에게는 어머나나 아버지가 없다. 천사 중 3분의 1이 타락하고 나머지 3분의 2는 여호와께 충성했다. 그러나 인간은 모두가 아담과 하와의 후손이다. 그들이 죄를 지음으로써 모든 후손이 그들과 동류가 되었다. 모든 인간이 죄의 바이러스에 감염되었다.

사탄은 '여자의 후손', 즉 출생의 과정을 통해 태어난 사람에게 자신이 장차 짓밟힌다는 사실을 안 이상 상대를 찾아서 반격해야 했다.

약속의 구세주처럼 보이기만 하면 누구든지 죽였다. 왕의 후손을 말살하는 것이 최우선 과제였다. 이것을 위한 싸움이 구약성경 대부분을 차지한다.

뱀은 기회가 있을 때마다 치명적인 독으로 공격한다. 자신의 파멸이 확정되었음을 알지만 회생의 가능성이 있는 것처럼 치열하게 반격한다. 승리한다는 생각만 해도 만족스럽다. 그는 여자의 후손의 발꿈치에 상처를 입힐 수 있다는 사실로 만족한다. 그러나 샴페인을 너무 일찍 터뜨렸다.

하나님은 사탄이 하나님의 계획에 최후의 일격을 가한 것처럼 보이는 행동을 하도록 내버려두신다. 그러나 결국에 가서 보면 하나님이 언제나 앞서 계신다. 아무리 막상막하처럼 보여도 하나님이 언제나 마지막 한 수를 두신다.

뱀은 앞으로도 하나님과 그분의 백성에게 일격을 가할 것이다. 그러나 하나님이 언제나 비장의 무기로 맞서신다.

가족에 대한 공격: 분열

아담과 하와는 첫아들을 얻고 새로운 삶의 희망을 찾았다. 부부는 아들에게 '획득'이라는 뜻의 가인이라는 이름을 붙였다. 부부는 하나님이 주신 선물이 자신들의 꿈을 산산조각 낼 줄은 짐작도 하지 못했다. 그들은 자녀의 삶 때문에 실망한 최초의 부모지만 마지막 부모는 아니다. 역사를 보면 많은 부모가 가인과 같은 자녀로 마음고생이 심하다.

가인은 동생 아벨이 태어나기 전까지는 별로 문제가 없었다. 그러나 형제의 경쟁심은 살인으로 이어졌다. 거짓 종교와 진짜 종교를 놓고 갈등이 벌어졌다. 하나님은 양 무리에서 고른 아벨의 제물은 받으셨으나 땅의 소산으로 드린 가인의 제물은 거절하셨다. 제물의 특성 차이가 문제였는지도 모른다. 피의 제물은 용납되었으나 땅의 소산은 거부되었다. 확실하지는 않지만 가인과 아벨은 하나님이 받으시는 제물의 종류에 대해 분명한 지침을 이미 들었을 것이다.

제물의 내용은 중요하지 않다는 설명도 가능하다. 제물을 드리는 사람의 믿음이 중요하다. 히브리서를 보자. "믿음으로 아벨은 가인보다 더 나은 제사를 하나님께 드림으로 의로운 자라 하시는 증거를 얻었으니 하나님이 그 예물에 대하여 증언하심이라 그가 죽었으나 그 믿음으로써 지금도 말하느니라"(히 11:4). 제사의 내용과 제물을 드리는 태도 중 무엇 때문인지는 분명하지 않으나 가인은 자신의 기준과 방법으로 마음의 변화 없이 하나님께 나아갈 수 있다고 생각했다.

> **❝**
> 가인은
> 자신의 기준으로
> 하나님께 나아갔다.
> **❞**

고집 센 장자는 동생에게 분개했다. 그는 극심한 거절감과 동생에게 뒤쳐졌다는 패배감에 시달렸다. 정신과 상담을 받았다면 자존감이 낮다는 진단에 따라 자기 자신을 소중하게 여기라는 충고를 들었을 것이다. 가인도 동생만큼 귀하고 가치 있는 사람이었다.

과연 그런가?

오늘날 상담은 매우 인기 있는 직업이다. 우리는 누구에게나 무조건적인 자기 수용, 넘치는 사랑과 좋은 충고가 필요하다고 생각한다. 하나님은 가인에게 그렇게 하시지 않았다. 다만 가인이 마음만 바꾸면 하나님의 인정을 받을 수 있다고 명확히 하셨다. "네가 분하여 함은 어찌 됨이며 안색이 변함은 어찌 됨이냐 네가 선을 행하면 어찌 낯을 들지 못하겠느냐 선을 행하지 아니하면 죄가 문에 엎드려 있느니라 죄가 너를 원하나 너는 죄를 다스릴지니라"(창 4:6-7). 가인이 바른 행실로 하나님을 기쁘시게 한다면 모든 일이 평탄하겠지만, 그렇지 않으면 언제든 달려들 준비를 하고 문 앞에 대기 중인 맹수 같은 죄의 공격을 피할 수 없다. 가인이 죄를 정복하든가, 죄가 그를 정복하든가 둘 중 하나였다.

가인은 좋은 내담자가 아니다. 그는 하나님이 주신 숙제를 하지 않았다. 자신의 시기심을 고백하고 긍휼을 구하기보다는 시기심을 키우기로 선택한다. 그의 악한 심령은 회개하고 문제를 하나님의 손에 맡기기보다 복수라는 악한 수단을 택했다. 그는 복수심을 달래는 방편으로 동생을 죽였다. 바른 길에서 벗어난 그는 욕망에 충실하여 자기만족을 추구했다.

시기심은 타올라서 분노가 되었다. 가인은 아벨을 공격했다. 역사상 처음으로 인간의 피가 땅에 뿌려졌다. 형제간의 경쟁심은 파국으로 치달았다. 그뿐 아니다. 사탄은 가인의 분노를 부추겼다. 가인은 "악한 자"에게 속하여 아벨을 죽였다(요일 3:12). 보이지 않는 적에게 삶의 문을 열었다. 가인은 자기가 저지른 행동에 대해 책임이 있다. 사탄이 아니라 가인이 끔찍한 살인을 저질렀다. 그러나 가인의 시기심을 부채질한 사탄은 인류 최초의 무자비한 살인에 동참한 공범이다.

사탄의 분노는 불합리하지만 이해할 만하다. 아담과 하와가 금지된 열매를 먹은 후 그는 모든 인류가 자기편이 되었다고 생각했다. 하나님이 그중 일부를 자신의 손아귀에서 구원하신다는 사실에 화가 머리끝까지 났다. 분노를 달래기 위해 아벨처럼 의로운 사람을 공격하고 경건한 사람만 보면 위협을 가했다.

사탄은 아벨을 "여자의 후손"(창 3:15)으로 생각했던 것 같다. 그는 하나님이 에덴동산에서 하신 예언이 성취되었다고 생각하여 예언을 가로막으려고 했다. 아벨이 피를 흘리며 땅에 묻혔으므로 자신이 하나님이 보낸 구원자의 머리를 짓밟았다고 확신했다. 열세를 만회하여 일격을 가한 것이다. 사탄의 머리에는 이런 깃발이 나부꼈다. "사탄이 하나님을 눌렀다!"

과연 그런가? 하나님은 아담과 하와에게 셋이라는 아들을 주셨다. 셋은 '대리인'이라는 뜻이다. 사탄은 그제야 아무리 많은 살인을 자행하고 아무리 많은 후손을 죽여도 끊임없이 누군가가 태어나 그 자리를 대신한다는 사실을 깨달았다. 하나님의 계획을 좌절시키기란 예상보다 어려웠다.

인류 최초의 가족 안에 일어난 불화는 모든 인류의 분열을 보여준

하나님의 사탄

다. 의인과 악인 사이에 갈등은 항상 일어난다. 거짓 종교에 넘어간 사람은 가인이 최초지만 마지막은 아니다. 여러 세기가 지난 후 신약의 한 저자는 목이 곧은 종교 교사들을 이렇게 묘사한다. "이 사람들은 무엇이든지 그 알지 못하는 것을 비방하는도다 또 그들은 이성 없는 짐승 같이 본능으로 아는 그것으로 멸망하느니라 화 있을진저 이 사람들이여, 가인의 길에 행하였으며 삯을 위하여 발람의 어그러진 길로 몰려 갔으며 고라의 패역을 따라 멸망을 받았도다"(유 1:10-11).

"가인의 길"은 교만한 거짓 종교의 길이다. 가인은 하나님의 기준이 아닌 인간의 기준으로 인정받으려고 하는 사람들의 전형이다. 우리가 비행기에서 만난 사람이나 이웃 중 하나님께 가는 길을 스스로 선택할 수 있다고 믿는 사람 모두가 가인의 영적 혈통을 따르는 것이다.

하나님이 가인의 죄를 질문하시는 상황을 보자. 아버지 아담이 그랬듯이 가인은 질문을 회피하고 모른 척하면서 비난을 남에게 돌린다. "네 아우 아벨이 어디 있느냐?"(창 4:9)는 질문에 "내가 알지 못하나이다 내가 내 아우를 지키는 자니이까?"라고 했다. 거짓말이다. 그에게는 진실이 없다.

하나님은 가인을 저주하셨다. "땅이 그 입을 벌려 네 손에서부터 네 아우의 피를 받았은즉 네가 땅에서 저주를 받으리니"(11절). 가인이 자신이 저지른 죄에 비해 형벌이 가혹하다고 불평하자 하나님은 가인에게 표를 주어 아무도 그를 죽이지 못하게 하셨다. 가인은 평생 유리하는 자가 되는 벌을 받았다. 그는 하나님 없는 사회를 세우고 에덴 동쪽 놋 땅에 정착했다(16절). 놋이란 '유랑의 땅'을 의미한다.

이후 겪은 고통에 비하면 복수의 달콤함은 오래가지 않았다. 그는 자신을 우선시하는 것이 자신에게 최선이라는 생각에서 직접 길을 택했다. 그는 우리가 반드시 기억해야 하는 교훈을 깨닫지 못했다. 아무리 모든 근거가 확실해도 우리가 선택해야 하는 것은 하나님의 뜻이다.

가인은 여동생 혹은 조카와 결혼하여 에녹이라는 아이를 낳고 성에 아들의 이름을 붙였다. 이들은 조상인 가인의 전철을 밟았다. 가인의 자손은 그의 교만을 물려받았다. 하나님을 버린 사회는 결코 형통하지 못한다. 음악, 무기, 농기구를 만들고 도시와 문화를 이룩했지만 지혜가 늘수록 악함도 늘었다.

뱀은 첫 번째 공격에서 한 가족을 목표로 삼고 의인을 죽이고자 했다. 공격은 두 형제가 종교를 두고 벌인 갈등으로 나타났다. 다른 사람이 형통한 것을 시기하는 형제 사이의 갈등이었다. 인간의 갈등 뒤에는 하나님과 사탄, 여자의 씨와 뱀의 씨 사이에 싸움이 있다.

사탄은 여자의 씨를 파괴하려는 시도를 그만두었다. 그리스도가 이미 오셨기 때문이다. 그럼에도 그는 계속 우리 가족을 공격한다. '하나님께 앙갚음'하기 위한 주요 대상이다.

하나님은 가족 안에서 믿음이 한 세대에서 다음 세대로 전파되도록 계획하셨다. 아버지는 자녀에게 하나님에 대해 가르치고, 자녀는 그들의 자녀에게 하나님에 대해 가르쳐야 한다. 그러나 오늘날 우리 사회는 역기능 가정, 학대, 간음, 중독이 팽배해 있다. 하나님의 증인을 세상에서 파멸시키려는 뱀의 간계다.

하나님의 사탄

뱀의 독은 가정을 넘어 교회와 직장에 퍼지고 사회와 정부로 퍼진다. 독은 전쟁을 촉발하고 수백만 명에 이르는 사상자를 낸다. 인류의 역사는 아벨의 길 대신 가인의 길을 선택하고 비틀거리는 타락한 인류의 역사다.

아벨이 죽고 태어난 셋의 후손은 어떤가? 그들은 주 여호와의 이름을 외쳤다. 하나님을 찾고 그분의 축복을 받은 노아와 아브라함이 셋을 통해 나왔다. 결국 여자의 후손이 세상에 등장한다.

뱀의 첫 번째 보복은 효과적이었다. 그 공격 때문에 하나님이 일정한 거리를 두시는 것처럼 보이지만 사실 그분의 계획은 예정대로 진행된다. 뱀에게는 당혹스러운 일이지만 자손은 잘 보존되어 몇몇이 여전히 여호와의 이름을 불렀다.

일부가 죽임을 당해도 하나님은 자신의 약속을 유지하기 위해 누군가를 세우신다. 뱀의 승리는 망상일 뿐이다.

사회에 대한 공격: 타락

약속의 씨를 죽일 수 없다면 다음 전략은 씨를 타락하게 하는 것이다. 인류가 땅 위에 번성하기 시작하자 악도 증가했다. "여호와께서 사람의 죄악이 세상에 가득함과 그의 마음으로 생각하는 모든 계획이 항상 악할 뿐임을 보시고"(창 6:5).

창세기 6장에 대해서는 논란이 있다. 그럴 만한 이유가 있다. "사람이 땅 위에 번성하기 시작할 때에 그들에게서 딸들이 나니 하나님의 아들들이 사람의 딸들의 아름다움을 보고 자기들이 좋아하는 모든 여자를 아내로 삼는지라"(창 6:1-2). "하나님의 아들들"이 "사람의 딸들"과 결혼했다.

여기서 "하나님의 아들들"은 두 가지로 해석된다. 우선 "하나님의 아들들"을 셋의 거룩한 자손으로, "사람의 딸들"을 가나안 족속이나 가인의 후손으로 보는 시각이다. 다시 말해 의로운 족속과 부정한 족속의 결합이라는 견해다. 그러나 상황이나 용어만으로 해석하기에는 무리가 있다.

일부에서는 "하나님의 아들들"을 이 땅에서 여자들과 동거한 마귀들로 본다. 일부 타락한 천사들이 사람의 형태를 입고 성교를 했다는 말이 있으나 과연 그 결합이 수정으로 이어졌을지는 의문이다. 타락한 천사들은 사람의 형태를 가질 수는 있으나 생명을 낳지 못하기 때문이다.

또 다른 해석은 "하나님의 아들들"을 타락한 천사들에게 통제되는 (사로잡힌) 권위를 가진 통치자들로 보는 것이다. 악한 천사들은 자기들의 거처를 떠나 인간 전사들, 세상에서 권세 잡은 자들의 몸 안에 거주한다. 이 힘센 통치자들은 신도 아니고 신들의 자손도 아니다(이교도가 주로 믿는 시각이다).

"그들은 용사라 고대에 명성이 있는 사람들이었더라"(창 6:4). 이 구절에서 그들은 마귀의 능력을 힘입어 초인적인 힘을 갖게 된 평범한 사람들을 말한다. 그들은 난잡한 성생활을 즐기고 폭력으로 점철된

하나님의 사탄

삶을 산다. 닥치는 대로 이 여자 저 여자와 결혼하고 각종 성적 도착에 탐닉한다. 이런 결합으로 태어난 자녀들은 신 같은 왕들이 아니라 살과 피를 가진 인간으로서 결국 홍수에 휩쓸려 죽는다.

하나님이 보시기에 "사람의 죄악이 세상에 가득함과 그의 마음으로 생각하는 모든 계획이 항상 악할 뿐"(5절)이었다. 하나님은 사람을 만든 것을 후회하셨다. 그들의 악행에 탄식하시고 새롭게 시작하기로 결정하신다. 홍수를 일으켜 모든 사람을 쓸어버리기로 작정하신 것이다.

모든 인간을 익사하게 해 여자의 자손을 말살하겠다는 뱀의 희망이 되살아난다. 뱀이 할 수 없는 일을 하나님이 직접 해주시는 형국이다. 전능하신 하나님은 홍수를 일으켜 모든 인류를 제거하신다.

그러나 패배의 문턱에서 하나님은 다시 한 번 승리를 쟁취하셨다. "그러나 노아는 여호와께 은혜를 입었더라"(8절). 한 가족이 살아남아 그들을 통해 자손이 이어진 것이다. 뱀은 악한 자들의 때 이른 죽음에 만족했지만 아직 끝이 아니었다.

하나님은 고대 통치자들 안에 살았던 악한 영들을 암울한 지하 감옥에 가두어 더는 마음대로 세상을 활보하지 못하게 하셨다. "하나님이 범죄한 천사들을 용서하지 아니하시고 지옥 [타타루스]에 던져 어두운 구덩이에 두어 심판 때까지 지키게 하셨으며 옛 세상을 용서하지 아니하시고 오직 의를 전파하는 노아와 그 일곱 식구를 보존하시고 경건하지 아니한 자들의 세상에 홍수를 내리셨으며"(벧후 2:4-5). 일부 천사는 이미 직접적인 심판을 받았으나 아직 불못에 던져지지는 않았다.

악한 천사들은 노아의 날 직전에 갇혔다. 그들은 고대 사회를 도덕적, 영적으로 오염시킨 원흉이었다. 그 사회로 인해 하나님은 근심하셨고, 그에 대한 반응으로 하나님은 심판하셨다. "내가 창조한 사람을 내가 지면에서 쓸어버리되 사람으로부터 가축과 기는 것과 공중의 새까지 그리하리니 이는 내가 그것들을 지었음을 한탄함이니라 하시니라"(창 6:7).

죽이거나 타락하게 하는 것이 역사적으로 사탄이 사용한 전략이다. 간음, 성도착, 포르노, 아동 성추행 등도 타락의 흔적이다.

성적으로 관계를 맺는 것은 결혼한 두 사람이 누리도록 하나님이 주신 선물이다. 사람 사이에 가장 큰 만족을 주는 소통 방식이자 자신의 교회를 향한 그리스도의 사랑을 대표한다.

결혼이라는 틀 밖에서 일어나는 성관계는 신의 약속 안에 있는 듯 보이지만 결국 사탄의 대가를 치른다. 세상은 그 사실을 모르지만 사탄은 매우 잘 안다. 성적 유혹은 인간의 가장 큰 취약점이며 심리적으로 커다란 상처를 남긴다.

섹시한 여신들이 영화와 음악과 인터넷에서 자신을 뽐낸다. 그들은 방종을 행복으로 가는 길이라고 말한다. 금지된 친밀함의 유혹을 일단 한번 느껴보면 부정적인 결과를 감내할 충분한 가치가 있다고 속삭인다. 그러나 여신들은 우리 영혼에 키스한 뒤 영원히 배신한다. 다음은 그리스도의 말씀이다.

노아의 때와 같이 인자의 임함도 그러하리라 홍수 전에 노아가 방주에 들어가던 날까지 사람들이 먹고 마시고 장가 들고 시집 가고 있으면서 홍수가 나서 그들을 다 멸하기까지 깨닫지 못하였으니 인자의 임함도 이와 같으리라(마 24:37-39).

하나님의 약속이 성공할지 여부는 방주에 탄 가족에게 달려 있다. 방주가 차디찬 물에 가라앉는다면 하나님의 약속도 물거품이 된다. 그리스도가 베들레헴에서 태어나지 못하고 인류 구원을 위해 십자가에 달리실 수도 없다. 아담과 하와도 지옥에서 사탄과 함께 평생 고통받아야 한다.

방주는 침몰하지 않았다. 정확히 말해 침몰할 수 없다. 여자의 자손이 뱀의 머리를 상하게 한다는 하나님의 예언이 성취되어야 하기 때문이다. 하나님의 약속은 방주와 함께 안전하게 보존되었다. 하나님이 하신 약속이라면 당연히 이루어진다.

뱀은 최후의 일격을 계속 가하지만 명중시키지 못한다. 하나님이 한 발 앞서 조율하고 계획하며 허점을 찌르시기 때문이다. 인간이 아무리 죄를 지어도 하나님은 언제나, 우리가 원하기만 하면, 우리를 보존하신다.

왕의 자손에 대한 공격: 살인

노아와 그의 가족은 홍수에서 살아남았지만 그들의 후손은 곧바로 여호와를 등지고 자기들이 원하는 대로 살았다. 하나님의 명령대로 흩어지지 않고 상당수가 시날 땅에 정착한 후 "하늘까지 닿을 탑"(창 11:4)을 쌓았다. 분노하신 하나님은 그들의 언어를 흩어 서로 말이 통하지 않게 하셨다. 그곳은 바벨이라 불렸고, 바벨론 신비 종교의 근원지가 되었다.

타락이 너무나 만연하여 바벨탑 이후 하나님과 동행하는 사람을 찾기가 어려웠다. 사탄은 자신을 파괴할 자손이 나올 수 없을 정도로 인간이 타락했다는 사실에 기뻤을 것이다. 다시 한 번 뱀의 승리가 분명해 보인다. 세상에 의인이 한 명도 없다면 어떻겠는가.

그러나 하나님께는 다른 계획이 있었다. 하나님은 우상을 숭배하는 자들 중 주권적으로 한 사람을 택하여 열방의 아비로 삼으시고 장차 그의 자손에서 구세주가 나오게 하셨다. 하나님이 자신의 삶에 역사하시기를 바라는 사람은 의인의 족보에 속하지 않더라도 전능하신 하나님의 제자가 될 수 있다는 것을 하나님이 증명하셨다. 하나님은 자신이 원하실 때 자신을 따를 사람들을 택하신다.

"여호와께서 아브람에게 이르시되."

창세기 12장에 나오는 이 말과 함께 구원 역사에서 새로운 장이 시작된다. 하나님의 모든 말씀에 귀를 쫑긋 세우고 있는 사탄은 자신을 파멸시킬 자손이 아브라함, 이삭, 야곱, 유다 족속, 다윗의 자손을 통해 온다는 사실을 점차 깨달았다.

지금까지 확인한 내용을 보자. 하나님은 자신이 원하시면 자신의 약속을 성취하시기 위해 인류를 번식시키고, 자손을 보존하시며, 불의함 속에서 의의 자손을 선택하신다. 이 밖에도 다양한 선택권이 하나님께 있다.

예수님이 태어나시기 전에 장차 오실 구세주를 말살시킬 또 다른 시도가 자행되었다. 하나님이 다윗에게 하신 약속 때문에 사탄은 여자의 자손이 다윗의 혈통을 통해 와야 한다는 것을 알았다. 뱀이 파괴해야 하는 바로 그 자손이다.

아달랴라는 사악한 여자는 개인의 권력을 쟁취하기 위해 왕의 씨를 멸절하려고 시도한다(왕하 11:1). 아달랴는 아합과 이세벨의 딸이자 불순종함으로 하나님께 심판받은 유다 왕 여호람의 아내다. 그녀는 사악한 가족의 역사를 이어갔다.

아달랴는 자신의 아들들이 블레셋과 아라비아 사람들에게 죽임을 당하자(대하 21:16-17) 왕좌를 차지할 기회를 얻었다. 그녀는 다윗의 자손이 유다를 영원히 다스려야 한다

> 66
> 하나님의 약속이
> 요아스를 둘러쌌다.
> 99

는 하나님의 명령을 철저히 무시하고 손자들을 모두 죽였다.

그러나 하나님의 약속은 변경되지 않았다. 70명의 손자 중 한 명이 고모의 도움으로 사악한 여자의 진노를 피해 도망쳤다. 어린 요아스가 숨어 지내는 동안 하나님의 약속이 그를 둘러쌌다. 하나님이 다윗에게 하신 약속이 성취되려면 요아스가 살아야 했다. 악랄한 할머니가 죽은 뒤에 요아스가 왕이 되면서 씨가 보존되었다.

신원이 알려지지 않은 요아스의 고모는 자신이 구원 역사에서 얼마나 중요한 역할을 했는지 모를 것이다. 그녀는 단지 비극을 피해 아이를 숨겨주었을 뿐이다. 인간적인 눈으로 볼 때 하나님의 뜻과 약속은 불확실했다. 자신이 얼마나 중요한지 모른 채 겁에 질린 아이의 삶에도 하나님의 성실함이 충만하게 깃들어 있었다. 사탄이 맛본 승리는 그의 입에서 곧 쓰디쓴 독이 되었다.

사탄의 방법과 하나님 계획의 지연

물론 사탄이 벌이는 전투는 하나님이 허용하신 수준에 근접하지 못한다. 최후의 카드는 언제나 하나님 손에 있다. 사탄의 활동에는 일정한 원칙이 있다.

1. 사탄은 하나님의 백성을 상대로 전략을 펼친다. 이미 손아귀에 넣은 국가와 종교는 그에게 위협이 되지 않는다. 그는 그리스도를 믿는 사람들을 집어삼키기 위해 쫓아다닌다. 하나님이 택하신 사람들을 자신의 통제 아래 굴복시켜야 하기에 하나님의 백성을 가장 큰 적으로 여긴다.

구약성경에서 그의 원수는 장차 여자의 자손이 나올 이스라엘 백성이었다. 앞으로도 그는 아직 성취되지 않은 하나님의 약속을 막기 위해 이스라엘을 말살하려고 시도한다(계 12장). 이에 대해서는 뒤에서 살펴보기로 하자.

현재 그의 적은 교회다. 사탄은 동일한 전술을 사용한다. 기독교가 시작되고 처음 3세기 동안 그는 다신교를 믿는 로마 제국이 행한 열 차례의 핍박으로 교회의 말살을 시도했다. 그러나 순교자들의 피는 오히려 교회의 씨가 되었다. 그리스도인을 아무리 많이 죽여도 더 많은 사람이 빈 자리를 채웠다.

콘스탄티누스 시대 이후 사탄은 교회를 죽이려는 시도를 중단하고 타락시키기로 전략을 바꾼다. 기독교는 로마 제국의 공식 종교가 되었고, 모든 사람이 기독교인이 되어 그중 다수가 교회에 속했다. 그러나 이교를 따르던 사람들은 관행을 유지했고, 정치적으로 타락한 교회는 그들을 받아들였다. 참된 그리스도인들은 형식적인 기존 교회를 무너뜨리려 하다가 오히려 핍박을 받았다. 화형대에 오른 이단자들 중에는 매우 헌신된 그리스도인들도 있었다.

오늘날에도 사탄은 교리적 혼란과 도덕적 타락을 통해 하나님의 백성을 끊임없이 노린다. 그는 세상을 오염시켜 그리스도에 대한 우리의 헌신을 독살하려고 한다. 우리를 넘어뜨려 우리가 하나님을 향한 사랑을 버리고 세상에서 그리스도를 제대로 대표하지 못하게 한다. 우리를 분열하게 하고 희석시키며 파괴한다.

복음을 듣는 사람의 눈을 가리고, 이미 그리스도인인 사람에게 사기 행각을 벌인다. 하나님이 선한 분이 아니라는 확신을 심어 하나님에게서 등을 돌리게 하려는 속셈이다. 그는 하나님의 축복을 훔쳐서 사람의 방법이 하나님의 방법보다 좋아 보인다고 속인다. 신앙심 깊은 사람에게는 더욱 끈질기게 공격한다. 사탄은 신자 한 명의 믿음을 파괴하는 일을 흑암의 나라에서 만족하며 지내는 무수한 불신자들의 암묵적 경배보다 훨씬 가치 있게 여긴다.

2. 사탄의 모든 승리는 망상이다. 그리스 에피루스의 왕 피로스는 로마를 상대로 여러 번 승리를 거두었으나 병력의 희생이 너무 크자 이렇게 말했다. "이런 전투를 한 번 더 이겼다가는 우리가 망하리라!"

사탄은 치열한 전투에서 몇 차례 승리한다. 하나님은 사탄이 하나님의 백성을 상대로 일시적으로 승리하여 분열과 타락과 죽음의 씨를 뿌리도록 허락하신다. 그러나 그의 승리는 패배다. 더 극심한 불못의 형벌이 임할 것이다.

사탄의 망상은 눈에 보이는 승리를 먹고 자란다. 아벨이 죽었지만 셋이 태어났다. 세상은 타락했지만 노아가 있었다. 열방이 이교에 빠졌지만 아브라함이 있었다. 거의 모든 씨가 말살되었지만 요아스가 살아남았다. 베들레헴의 사내아이들이 학살되었지만 그리스도는 애굽으로 피하셨다. 승리를 손아귀에 넣은 것처럼 보이는 순간에도 사탄은 여전히 승리와는 거리가 한참 멀다. 불못에서 당할 괴로움과 몸부림도 피하지 못한다.

타타루스(Tartarus)*의 영들이 장차 그들에게 닥칠 운명을 막지 못하듯이 지금은 멀게만 보이는 최후의 수치와 고통도 불가피하다. 악한 영들은 더는 하나님을 상대로 싸울 계획을 세우지 못하고, 승리도 거두지 못한다. 자신의 운명에 대한 깨달음에 뱀은 몸서리를 친다. 사람

---

*그리스 신화에서 지옥을 가리킴 -편주

하나님의 사탄

들에게 입힌 상처가 그에게 독이 되어 돌아온다.

3. 우리의 승리는 이미 정해졌다. 우리의 승리가 분명한 이유는 우리가 승리하신 그리스도 편에 서 있기 때문이다. 그리스도는 뱀의 머리를 짓밟는 일에 동참하도록 우리를 부르신다. 그리스도가 승리하셨기에 우리도 승리한다.

우리에게 영의 세계를 보는 눈이 있다면 얼마나 좋을까! 시리아인들이 엘리사를 죽이러 왔을 때 엘리사는 겁에 질린 종을 격려했다. 이교도들은 말과 병거와 많은 군사를 보내어 엘리사가 있던 도단 성을 포위했다. 엘리사는 사환에게 "두려워하지 말라 우리와 함께 한 자가 그들과 함께 한 자보다 많으니라"(왕하 6:16)고 격려하며 기도했다. "여호와여 원하건대 그의 눈을 열어서 보게 하옵소서 하니 여호와께서 그 청년의 눈을 여시매 그가 보니 불말과 불병거가 산에 가득하여 엘리사를 둘렀더라"(17절).

어느 화가가 마귀와 체스 게임을 하는 청년의 모습을 그렸다. 패자는 승자의 종이 되는 조건이었다. 그림에서 마귀는 세 번 만에 체크메이트를 외쳤다. 패배의 암운을 알리는 소리에 겁에 질린 청년의 얼굴이 창백해졌다.

> **"**
> 사탄의 망상은
> 눈에 보이는 승리를
> 먹고 자란다.
> **"**

체스 선수인 폴 모피는 그림을 보며 여러 수를 고심하더니 이렇게 외쳤다. "아하, 청년이 둘 수 있는 수가 있다!"

화가는 가능한 수를 간과했다. 체크메이트는 실패였다. 그리스도는 사탄이 우리를 손아귀에 넣은 것처럼 보일 뿐이라는 사실을 알려 주기 위해 세상에 오셨다.

사탄이 악수를 둘 때 하나님은 강수를 두신다. 영원 전부터 세워진 계획에 따라 그리스도는 뱀을 상대하기 위해 세상에 오셨다. 하나님의 아들이 '체크메이트'를 외쳤다.

사탄은 응수할 방법이 없다.

6

짓밟힌 뱀

06
짓밟힌 뱀

뱀은 이빨을 보이며 적을 위협하고 몸부림치며 소란을 부린다. 이 혐오스러운 짐승은 바닥에서 헐떡거리며 반격을 시도하다가 자기 머리를 짓밟은 발의 뒤꿈치를 문다. 모든 소란이 끝나자 뱀은 머리가 짓밟혀서 흙에 뭉개진 채 고통스럽게 몸을 꿈틀거린다. 독은 땅에 떨어지고, 승리를 거둔 자는 하늘로 돌아간다.

이후 그리스도가 오신다. 수세기 전 하나님이 뱀에게 말씀하셨다. "내가 너로 여자와 원수가 되게 하고 네 후손도 여자의 후손과 원수가 되게 하리니 여자의 후손은 네 머리를 상하게 할 것이요 너는 그의 발꿈치를 상하게 할 것이니라"(창 3:15). 하나님은 말씀을 이루셨다.

그리스도가 베들레헴에서 태어나자 사탄이 움직이기 시작한다. 첫째 전략은 살인이다. 사악한 헤롯 왕이 끔찍한 짓을 저지르지만 요셉

121

과 마리아는 아이를 데리고 애굽으로 피신하여 사탄의 계획을 저지한다.

그리스도를 죽일 수 없다면 타락시키는 것도 방법이다. 사탄이 광야에서 그리스도를 유혹하지만 그리스도는 꿈쩍도 하지 않았다. 세상의 통치자가 되는 지름길을 보여주겠다고 사탄이 아무리 설득해도 소용없었다. 예루살렘에서 죽기보다 생명을 택하라는 베드로의 말도 소용없었다. 예수님은 베드로에게 "사탄아 내 뒤로 물러가라"(막 8:33)고 꾸짖으셨다.

사탄은 그리스도가 예루살렘으로 향하는 것을 알고는 십자가행을 막는 일을 멈추고 이야기의 주요 인물이 되는 편을 택했다. 전술을 바꾼 이유는 충분히 납득할 만하다. 그리스도의 십자가형에 자신이 일조했다는 만족감을 누리고 싶었을 것이다. 아주 잠깐이라도 그리스도가 하늘과 땅 사이에 무력하게 매달린 광경을 보는 가학적 쾌락은 사탄에게 거부할 수 없는 유혹이었다. 물론 그는 자기가 받을 형벌이 훨씬 크다는 것을 알았다. 십자가가 궁극적 패배를 의미한다는 것도 알았다. 그러나 전부 내일 일이었다. 아무리 승리가 허상이라고 해도 오늘만은 사람들을 부추겨 주 예수 그리스도가 죽는 모습을 보고 싶었다.

십자가의 싸움

십자가가 사탄과 싸우는 중에 일어난 일인지를 어떻게 알 수 있는가?

하나님의 사탄

첫째, 사탄은 유다에게 들어가서 그리스도를 배반하게 했다(요 13:27). 신약에 귀신 들린 사람들이 종종 등장하지만 결정적인 전투를 앞두고 사탄이 몸소 궂은일에 뛰어든다. 실수는 금물이었다. 그리스도는 당대의 정치 지도자에게 넘겨져야 했다. 유다는 사탄의 계획을 실행에 옮기는 도구였다.

둘째, 그리스도는 악이 활개를 치고 그의 계획을 실행에 옮겨야 할 때임을 인정하셨다. 유다에게 배신을 당하신 뒤에도 예수님은 제자들에게 복수하지 말라고 하셨다. 대제사장과 군인들에게는 "너희가 강도를 잡는 것 같이 검과 몽치를 가지고 나왔느냐 내가 날마다 너희와 함께 성전에 있을 때에 내게 손을 대지 아니하였도다 그러나 이제는 너희 때요 어둠의 권세로다"(눅 22:52-53)고 하셨다.

"지금 당장은 네가 승리했다!"

그리스도는 적을 향해 이런 태도를 보이셨다. "그래, 너는 나를 모욕하고 나를 벌거벗겨 십자가에 매달 수 있다. 내 연약함을 보고 마음껏 웃어라." 아주 잠시나마 뱀은 크게 웃을 수 있다. 그러나 그는 샴페인을 너무 일찍 터뜨렸다. 시간이 사탄에게 속했다면 영원은 하나님께 속한 것이다.

셋째, 그리스도도 십자가를 최후 승리로 보셨다. "이제 이 세상에 대한 심판이 이르렀으니 이 세상의 임금이 쫓겨나리라 내가 땅에서 들리면 모든 사람을 내게로 이끌겠노라 하시니"(요 12:31-32). 연약함 중에도 그리스도는 사탄을 향해 강타를 날리신다. "이 세상의 임금"은 장차 예수님이 다스리실 세상에서 패배할 것이다.

우리는 사탄이 십자가에서 심판을 받았다는 말을 자주 듣는다. 그는 역사의 정점인 이 결정적인 전투에서 내쫓긴다. 우리도 알다시피 하나님은 그에게 세상에서 놀라운 권세를 행하도록 허락하셨다. 십자가가 뱀의 머리를 상하게 했다는 말은 무슨 뜻인가? 우리는 그리스도의 승리에 어떻게 참여하는가?

십자가의 참가자

놀랍게도 십자가는 우리와 관련한 것이다.

하나님이 우리를 자신과 화해하게 하시고도 자신의 무결함을 지키실 수 있느냐가 관건이다. 간단히 말해 문제는 이것이다. 우리가 사탄의 편이었던 인간의 일부라는 사실에도 불구하고 우리는 하나님께 속할 권리가 있는가? 부정한 사람이 어떻게 거룩하신 하나님의 아들과 딸이 될 수 있는가?

이 딜레마를 잘 보여주는 구약의 사건이 있다. 대제사장 여호수아(군대장관 여호수아가 아니다)는 "더러운 옷"을 입고 여호와 앞에 섰다. 옷이 더럽지 않아도 그는 자신이 더럽다고 느꼈을 것이다. 의인들도 하나님 앞에서는 자신이 죄인이라고 느낀다.

여호수아가 스스로 느낀 수치심만으로 부족했는지 성경에는 사탄이 "그의 오른쪽에 서서 그를 대적했다"고 기록하고 있다(전체 이야기는 스가랴 3장 1-7절을 참고하라). 만일 당신이 언젠가 죄책감과 실패감에 압

　　　　　　　　　　　　　하나님의 사탄

도된다면 이것을 기억하라. 우
리 옆에서 우리가 얼마나 최악
인지를 속삭이는 것은 마귀다.
상상을 초월할 정도로 사악한
사탄이 우리를 악하다고 비난
하는 것이다.

"

하나님은 우리와
화해하시고도 여전히
무결하실 수 있는가?

"

여호수아의 이야기는 우리가 처한 형편을 정확히 보여준다. 우리
는 모두 "더럽다." 지나친 표현 같지만 하나님 앞에 서는 모두가 똑같
이 느끼는 감정이다. 사탄은 우리에게 하나님께 속할 권리가 없다면
서 우리를 정죄한다. 감사하게도 하나님은 우리와 하나님 사이에 있
는 도덕적 거리를 처리할 해결책을 갖고 계셨다. 하나님이 죄 많은 여
호수아에게 하신 말씀은 우리에게도 적용된다. "내가 네 죄악을 제거
하여 버렸으니 네게 아름다운 옷을 입히리라"(슥 3:4).

법정을 상상해보자. 하나님은 판사고 사탄은 고발자다. 우리는 여
호수아의 자리에 서 있다. 질문이 이어진다. 우리처럼 하나님 앞에 선
불쌍한 죄인들은 앞으로 어떻게 될까? 우리를 도와줄 분은 하나님뿐
이다. 하나님이 무죄를 선고하시고 우리에게 의의 옷을 입혀주시지 않
으면 우리는 버림받는 처지가 된다. 사탄이 맞는 말을 하기는 했다.
우리는 하나님께 사랑받고 용납될 자격이 없는 죄인이다.

하나님과 사탄의 싸움은 언제나 우리를 두고 벌어진다. 그 싸움의
전리품은 우리다. 그러나 우리가 그리스도를 믿는 신자라면 사탄은
우리의 영혼을 취하지 못한다. 그 사실을 알면서도 사탄은 우리와 하

나님의 관계를 무너뜨리려고 엄청난 노력을 기울인다. 그는 하나님의 계획과 심판에 반박하기 위해 무슨 일이든 한다. 그렇지만 자기 백성을 두고 벌어지는 전투에서 하나님은 언제나 승리하신다.

하나님이 어떻게 우리에 대한 전투에서 승리하시는지가 이번 장의 주제다. 하나님은 우리에게 "아름다운 옷"을 주셔서 우리가 더는 뱀의 사악한 계획 아래 있지 않게 하신다. 잠자코 있어야 할 때도 계속 지껄이는 우리의 고발자 사탄은 놀라서 할 말을 잃는다.

십자가의 법정

그리스도가 십자가에 달려 돌아가셨을 때 영의 세계에서 일어난 사건을 비디오카메라로 담을 수 있다면 얼마나 좋을까? 엄청난 전투가 벌어졌다. 마귀가 있었고, 하나님이 계셨으며, 그리스도가 계셨다. 우리도 있었다. 잠시 바울의 말을 보자.

> 또 범죄와 육체의 무할례로 죽었던 너희를 하나님이 그와 함께 살리시고 우리의 모든 죄를 사하시고 우리를 거스르고 불리하게 하는 법조문으로 쓴 증서를 지우시고 제하여 버리사 십자가에 못 박으시고 통치자들과 권세들을 무력화하여 드러내어 구경거리로 삼으시고 십자가로 그들을 이기셨느니라(골 2:13-15).

이 말씀을 이해하려면 다시 한 번 법정을 떠올려야 한다. 핵심 인물과 주요 쟁점을 파악하고 결과를 발표해야 한다. 이 상황이 영원한 결과를 두고 벌이는 공방인 것을 명심하라. 이 모든 일이 우리와 밀접한 관련이 있다.

고발

우선 우리는 본질상으로만이 아니라 선택이라는 측면에서도 죄를 선택한 죄인이다. 우리는 양심의 불편한 동요를 느낀다. 그러나 우리가 기억하는 죄는 하나님 앞에서 우리가 저지른 모든 죄의 총합 가운데 극히 작은 일부다. 바울은 우리에게 부과된 혐의의 무게를 우리가 깊이 느끼기를 바란다. 최소한 그 혐의가 얼마나 광범위한지라도 알기를 바란다.

그는 우리가 어긴 하나님의 법을 이렇게 설명한다. "우리를 거스르고 불리하게 하는 법조문으로 쓴 증서를 지우시고 제하여 버리사 십자가에 못 박으시고"(골 2:14). 우리가 알든 모르든 우리는 하나님의 계명 아래 있다. 하나님이 정하신 규칙이 있기 때문에 우리 마음대로 규칙을 정할 수는 없다. 이 법은 우리에게 적대적이며 우리를 정죄한다. 하나님과의 관계가 회복되려면 우리에게 불리한 법조문이 제거되어야 한다.

바울 당대의 법정은 판사 앞에 서기 전 재판 영장을 발부할 충분한 증거가 있는지를 확인하기 위해 피고발자를 심문하는 심리 절차가 필요했다(현재는 제도가 발달하여 대배심 제도가 있다). 예수님께 불리한 혐의가 제기되자 빌라도는 심리 절차가 필요한지 확인하고자 예수님께 질문했다. 그는 혐의가 거짓임을 알고 대중에게 말했다. "너희가 고발하는 일에 대하여 이 사람에게서 죄를 찾지 못하였고"(눅 23:14). 그러나 겁쟁이 빌라도는 군중의 외침에 굴복하여 예수님을 넘겨주었다.

하나님은 우리의 유죄 여부를 판단하기 위해 굳이 우리를 심문하실 필요가 없다. 우리보다 우리의 죄를 훨씬 잘 아시기 때문이다. 바울은 하나님의 율법이 "모든 입을 막고 온 세상으로 하나님의 심판 아래에 있게 한다"(롬 3:19)고 했다. 우리는 수치심에 사로잡혀 침묵하며 서 있다. 입이 떨어지지 않는다.

우리를 고발하는 자 마귀는 도무지 통제가 안 된다. 그는 마음대로 지껄인다. 여전히 하늘에 접근할 수 있는 그는 우리가 하나님의 임재를 누리며 이 땅에서 온전하고 정결하게 사는 모습에 분개한다. 그는 "범죄하는 그 영혼은 죽으리라"(겔 18:4)는 하나님의 약속을 하나님께 상기시킨다. 고발자인 그는 우리의 죄가 적힌 목록을 들고 하나님을 찾아간다. 우리를 하나님의 임재에서 내쫓으셔야 하는 온갖 이유를 늘어놓는다. 사실 타당한 주장이다. 하나님은 "죄의 삯은 사망"(롬 6:23)이라고 하셨다. 이번에는 사탄이 바른말을 하고 있다.

물론 사탄이 하는 말 중 전능하신 하나님이 모르시는 일은 없다. 하나님은 우리에 대해 사탄이 생각하는 것보다 훨씬 많이 알고 계신다. 쟁점은 우리가 죄를 지었느냐 안 지었느냐가 아니다. 우리가 사탄이 주장하는 것처럼 그렇게 악한가도 쟁점이 아니다. 우리가 처한 상황을 어떻게 처리하느냐가 쟁점이다.

하나님의 사탄

사탄이 말한다. "저 사람에게 천벌을 내리셔야 합니다!"

하나님이 말씀하신다. "그를 구원하겠노라."

우리에게 제기된 혐의는 매우 정확하며 광범위하다. 하나님의 법정에서는 무언가를 훔쳐야 강도가 되고, 간음을 저질러야 간통범이 되며, 우상을 만들어야 우상숭배자가 되는 게 아니다. 그런 일들을 열망하고 상상한 것만으로도 죄가 성립된다. 우리는 죄를 범할 뿐만 아니라 실제로 죄인이다. 우리는 죄인인 상태로 하나님 앞에 선다. 아무것도 숨길 수가 없다.

사탄은 우리를 천국에 들여보내면 신성한 법정이 더러워진다고 주장한다. 부정한 인간들을 상대하면 하나님이 오히려 비난받을 수도 있다고 주장한다. 어쩌면 하나님의 평판과 진실함에 대해 의문이 제기될지도 모른다는 것이다. 자신의 거룩함을 주장하고 죄의 삯이 죽음이라고 경고하신 분은 전능하신 하나님 본인이다.

우리를 향한 사탄의 정죄는 두 가지 방향이다. 우선 그는 객관적으로 우리가 지은 죄가 너무 많아 결코 무죄가 아니라고 하나님 앞에서 우리를 고발한다. 다음으로 그는 주관적으로 우리의 양심을 공격하여 우리가 죄책감 때문에 하나님의 은혜를 회피하도록 유도한다. 죄를 짓도록 유인하던 사탄은 자기의 말을 따른다고 우리를 비난한다. 이 방법이 통하지 않으면 전략을 180도 바꾸어 우리 자신이 매우 대단하다는 생각을 심어 하나님의 은혜가 불필요하다고 믿게 만든다.

사탄의 목적은 우리와 하나님의 관계를 분리하는 것이다. 그는 우리가 자신처럼 혼자 힘으로 서 있기를 바란다. 그러나 바로 옆에는 사탄이 서 있다.

형벌

사탄은 우리도 자신과 동일한 심판을 받아야 한다고 주장한다. 어쩌면 타당한 주장인지도 모른다. 우리도 죄로 더럽혀졌고 반역자기 때문이다. 죄를 지은 상대가 얼마나 위대하냐에 따라 죄의 경중이 결정된다면 하나님을 상대로 죄를 범한 우리의 죄는 실로 엄청나다. 뱀의 독이 묻은 우리는 뱀과 함께 심판을 받아야 마땅하다.

사탄은 하나님이 의로움의 기준을 고수하신다는 사실을 알고 있다. 전능하신 하나님의 종이었던 그는 하나님이 높은 기준을 철회하지 않으시면 인간은 지옥으로 떨어질 수밖에 없다고 확신했다. 악한 마귀는 하나님이 사랑으로 충만하신 분인 것을 알았지만 그분의 사랑이 정의를 무시하거나 취소할 수 없다는 것도 알았다. 삶에서 최선을 다한 사람들이라고 해도 예외가 아니다.

사탄은 자신은 영원한 저주를 받고 인간은 영원한 구원을 받는다는 사실을 부당하게 여겼다. 죄에 대해 동일한 대가를 치러야 한다는 사탄의 주장은 충분히 설득력이 있다. 그것이 사탄의 역할이다. 죄는 죄고, 정의는 정의며, 하나님은 하나님이다.

사탄에게는 한 사람이 모든 사람을 위해 죽을 수 있다는 기발한 계획을 도무지 생각할 재간이 없었다. 무한한 한 사람이 유한한 인류 모두를 위해 죽는 것을 말이다. 하나님은 "범죄하는 그 영혼은 죽으리라"(겔 18:4)는 자신의 약속을 지키기 위해 다른 사람에게 죽음을 담당하게 한다. 죄의 삯은 사망이다. 그런데 우리 대신 다른 사람이 죽는다.

자유주의 신학자들은 하나님이 죄인 대신 무죄한 사람에게 벌을 내리신 것은 비도덕적인 일이라며 그리스도가 죄인을 위해 죽으셨다는 성경의 가르침을 비판한다. 그러나 그리스도께 죄가 없는 것이 아니었다. 엄밀히 말하면 그분은 우리를 위해 죄를 입으셨다. "하나님이 죄를 알지도 못하신 이를 우리를 대신하여 죄로 삼으신 것은 우리로 하여금 그 안에서 하나님의 의가 되게 하려 하심이라"(고후 5:21). 그리스도는 절대 죄를 지으신 적이 없지만 죄인으로 일컬어지셨다. 우리도 절대 거룩하지 않지만 성도로 일컬어졌다.

그렇다. 그리스도가 죄인으로 간주되었다. 그분은 사소한 거짓말에서 대량 학살에 이르기까지 우리의 모든 죄에 대해 법적으로 유죄가 되셨다. 상상하기 어려운 범죄에 대해서도 유죄로 여겨졌다. 그분이 유죄 판결을 받으시고 형벌을 받으셨기 때문에 우리는 모든 죄에서 우리를 구원하시는 진정한 구세주를 갖게 되었다.

그리스도께 우리 죄가 언제 전가되었는가? 깊은 고통과 슬픔으로 괴로워하신 겟세마네 동산은 아니다. 머리에 가시면류관을 쓰시고 피가 이마에서 뺨으로 흘러 가슴 위로 떨어진 때도 아니다. 그것은 그리스도가 십자가에 달리신 순간 일어났다. 예수님이 피를 흘리고 돌아가셨을 때 우리는 구원받았다.

간과하지 말아야 할 말씀이 있다. "사람이 만일 죽을 죄를 범하므로 네가 그를 죽여 나무 위에 달거든 그 시체를 나무 위에 밤새도록 두지 말고 그 날에 장사하여 네 하나님 여호와께서 네게 기업으로 주시는 땅을 더럽히지 말라 나무에 달린 자는 하나님께 저주를 받았음이니라"(신 21:22-23). 그리스도가 우리 대신 하나님께 저주를 받으려면 십자가에 달리셔야 했다. 십자가에 달리신 순간 그리스도는 하나님의 저주를 받았다. 바울은 이렇게 말한다. "그리스도께서 우리를 위하여 저주를 받은 바 되사 율법의 저주에서 우리를 속량하셨으니 기록된 바 나무에 달린 자마다 저주 아래에 있는 자라 하였음이라"(갈 3:13).

손에 못이 박히고 몸이 십자가에 달린 채 십자가가 세워지고 예수님이 마지막 숨을 쉬셨을 때 죄에 대한 하나님의 진노가 해소되었다. 성부 하나님은 철저히 저주받은 사람을 좌시하실 수 없었다. 사랑하는 아들에 대한 분노와 그 분리는 예수님의 고통스러운 절규로 이어졌다. "나의 하나님, 나의 하나님, 어찌하여 나를 버리셨나이까?"(마 27:46) 이분이 우리의 구세주다.

바울의 설명으로 그 과정을 알아보자. 그는 우리를 거스르는 법조문이 "십자가에 못 박혔다"(골 2:14)고 했다. 당시에는 범죄자가 십자가에 달리면 그의 죄가 공표되었다. 죄의 목록을 판에 적어서 죽음을 앞둔 죄인 위에 못으로 고정했다. 빌라도가 예수님 머리 위에 붙였던 죄패를 생각하면 된다. "나사렛 예수 유대인의 왕"(요 19:19)이라는 죄패는 히브리어, 헬라어, 라틴어로 기록되었다(20절). 빌라도는 그리스도가 어떤 죄로 고발되었는지를 죄패를 통해 알렸다.

사실 그리스도는 유대인의 왕이 맞다. 빌라도의 말과 하나님의 생각이 일치하는 부분이다. 결코 처벌받을 일이 아닌 것이다. 진실을 말

하나님의 사탄

하는 것은 죄가 아니다. 그리스도는 유대인의 왕이다. 그러나 그리스
도가 죽으시는 이유는 따로 있었다.

빌라도가 만든 죄패 위에는 우리의 죄가 적힌 목록이 우주까지 닿
을 만큼 길게 뻗어 있다. 내가 아직 태어나기 전이지만 2천 년 뒤에 지
을 죄도 기록되어 있다. 죄의 목록에는 사탄이 우리에 대해 한 모든
말과 오직 하나님만 아시는 비밀스러운 죄도 포함된다. 죄목이 도대
체 어디부터 어디까지인지는 오직 전능하신 하나님만 아신다. 우리가
지은 죄의 정도와 그에 대한 형벌의 강도는 하나님만 아신다.

하나님은 그리스도가 본인의 죄 때문에 죽는다고 생각하시지 않았
다. 그리스도는 통제가 불가능한 상황에 휘말린 억울한 희생자도 아
니다. 그리스도는 죄인들을 구원하시기 위해 "하나님께서 정하신 뜻
과 미리 아신 대로"(행 2:23) 내준 바 되셨다. "그가 찔림은 우리의 허물
때문이요 그가 상함은 우리의 죄악 때문이라 그가 징계를 받으므로
우리는 평화를 누리고 그가 채찍에 맞으므로 우리는 나음을 받았도
다…여호와께서 그에게 상함을 받게 하시기를 원하사 질고를 당하게
하셨"(사 53:5, 10)다.

형벌은 정당했으며 대가는 완전히 지불되었다.

판결

하나님은 우리에게 용서를 선고하셨다.

우리에 대한 모든 고발에도 불구하고 하나님은 자신의 거룩을 지
키시고 우리에게 무죄를 선고하셨다. 바울은 하나님이 "우리의 모든

죄를 사하셨다"(골 2:13)고 했다.

하나님은 그리스도가 거두신 성공을 비밀로 하지 않으셨다. 고대 로마에서는 군인들이 전투에서 승리하고 돌아올 때 승리의 행진을 했다. 승리자들은 밧줄에 묶인 포로와 더불어 전리품을 만천하에 과시했다. 로마 군대는 당당하게 시가를 행진하며 승리를 자랑했다. 마찬가지로 사탄의 패배는 우리가 아니라 전 세계가 목도하는 대중 행사다. 바울은 "통치자들과 권세들을 무력화하여 드러내어 구경거리로 삼으셨다"(골 2:15)고 했다.

사탄은 공개적으로 무장 해제되었다. 헬라어로 '무력화'란 '무기를 벗어버리다'는 뜻이다. 그리스도는 계속 싸움을 벌여 승리할 수 있다고 믿는 사탄의 건방진 생각을 그에게서 제거하셨다. 사탄은 우리를 자기 나라의 종으로 삼을 권리가 있다는 교만한 생각을 빼앗겼다. 사탄의 고발 앞에서 우리는 입을 다물 수밖에 없었지만 이제는 우리에게 선고된 무죄 앞에서 사탄이 할 말을 잃었다.

그러나 그리스도가 거두신 승리는 사탄이 더는 우리를 상대로 싸울 수 없다는 의미가 아니다. 이렇게 생각하면 된다. 하나님이 사울 왕에게서 왕위를 박탈하셨지만 그는 다윗 왕을 10년 동안 괴롭혔다. 우리를 상대로 전쟁을 벌이는 세력은 이미 권세를 빼앗겼으나 계속 싸움을 건다. 그들은 패배의 모멸감에 직면하느니 진실을 부인하며 사는 편을 선호한다.

프레더릭 레이히(Frederick S. Leahy)는 『사탄 축출』(Satan Cast Out)이라는 책에서 사탄에게 그리스도가 승리하신 것과 패배한 적에게 내려진 최후의 처분 사이에 거리가 있다는 시각은 우리 생각일 뿐이라고 말한다. 천둥과 번개가 동시에 일어나지만 귀에 들리는 소리보다 번개가 먼저 보이는 것과 동일한 원리다.

> 객관적 사실로는 둘은 사실 하나다. 빛이 소리보다 빨리 이동하기 때문에 우리는 눈에 보이는 섬광과 귀에 들리는 소리 사이에 시차가 있다고 느낀다. 하나님께서는 십자가에서 승리와 심판이 동시에 일어났다.[1]

우리는 섬광은 보았으나 사탄의 몰락을 알리는 소리는 아직 듣지 못한 상황이지만 하나님께는 그런 차이가 없다. 하나님께는 심판과 형벌이 이미 완료되었다. "이제 이 세상에 대한 심판이 이르렀으니 이 세상의 임금이 쫓겨나리라"(요 12:31). "심판에 대하여라 함은 이 세상 임금이 심판을 받았음이라"(요 16:11).

그리스도의 승리

그리스도는 십자가에서 어떻게 사탄을 이기셨을까?

죄인과 하나님의 영구적 화해
그리스도는 우리의 빚을 완전히 정당하게 청산하셨다. 그리스도를 믿는 사람은 더는 하나님께 의로움을 빚지지 않는다. 죄의 대가는 생명이 아니라 죽음이므로 그리스도가 죽으셔야 했으며, 그럼으로써 우리는 하나님과 영원히 화해했다.

"우리의 모든 죄를 사하시고"(골 2:13)라는 구절을 생각해보자. 2천 년 전 그리스도가 돌아가셨을 때 그 대속에는 우리의 죄 가운데 몇 개나 포함되었을까? 전부 다. 아직 아무도 태어나기 전이기 때문이다. 하나님은 우리의 죄를 예상하시고 그리스도의 죽음 안에 포함하셨다. 그리스도는 구약 시대 성도들의 죄를 위해서만 돌아가신 것이 아니라 미래의 성도들이 지을 죄에 대해서도 돌아가셨다. "돌아가실 때 나를 생각하셨네"라는 찬송 가사대로다.

같은 논리로 좀 더 깊이 들어가보자. 우리가 내일과 그 이후 지을 죄는 어떻게 될까? 그리스도를 믿는 사람은 모든 죄가 이미 사해졌다. 그리스도를 영접할 때 우리가 과거에 지은 죄에 대해서만 용서받는다면 미래의 구원에 대해서는 확신하기 어려울 것이다. 우리가 죽으면 천국에 간다고 확신하는 이유는 하나님이 우리의 과거, 현재, 미래의 죄를 모두 사해주셨기 때문이다.

물론 우리는 여전히 죄를 고백해야 한다. 하나님의 자녀라는 지위를 유지하기 위해서가 아니라 성부 하나님과의 관계를 유지하기 위해서다. 법적으로 우리의 모든 죄는 이미 제거되었다. 우리는 완전하고 영원한 무죄 판결을 받았기 때문에 구원받은 안정감을 누리며 기뻐할 수 있다.

히브리서 기자는 이렇게 말한다. "오직 그리스도는 죄를 위하여 한 영원한 제사를 드리시고 하나님 우편에 앉으사…그가 거룩하게 된 자들을 한 번의 제사로 영원히 온전하게 하셨느니라"(히 10:12, 14).

우리의 대제사장, 한 번의 제사, 한 번의 칭의로 우리는 의롭게 여겨졌다. 하나님은 여호수아에게 하셨듯이 우리에게 죄를 덮기 위한 옷을 주신다.

> 예수, 당신의 보혈과 의로움
> 내 아름다움이요 내 영광의 옷이니
> 불길 같은 세상에서 그 옷을 입고
> 기쁨으로 내 머리를 들리이다

그리스도를 대속물로 용납하지 않는 사람에게는 사탄의 고발이 유지된다. 그러나 그리스도를 믿는 사람은 사탄의 나라에서 건져져 그리스도의 나라로 옮겨진다.

사탄을 잠잠케 하심

사탄은 말문이 막혔다. 구시렁거리던 고발도 멈췄다. 만유의 재판장이 우리를 의롭다고 하시는데 사탄이 어떻게 반문하겠는가? 패배한 신이 어떻게 하늘과 땅의 주 여호와께 반박할 수 있는가? 인간을 해방하시기 위해 그리스도는 인간을 고발하는 자를 상대로 승리하셔야 했다. 사람을 계속 속박하려고 하는 자는 정체가 노출되고 능력을 상실하여 포로들을 풀어주어야 한다.

성경 시대에는 죄목이 적힌 죄패가 감방에 붙었다. 죄인은 형벌을 모두 치르고 집으로 돌아갈 때 죄패를 가져갈 수 있었다. 이때 죄패는 더는 기소장이 아니라 트로피로 여겨진다. 그 위에는 '다 지불되었다'는 뜻의 테텔레스타이(*Tetelesti*)가 적혀 있기 때문이다.

누군가가 법적으로 자유인이 되었는지를 물어보면 죄패를 보여주면 된다. 정의의 대가를 이미 치렀으므로 지불할 빚이 남아 있지 않다. 그리스도가 십자가에서 남긴 마지막 말씀, "테텔레스타이"를 번역하면 "다 이루었다"(요 19:30)이다. 우리가 진 빚은 완불되었다.

> 주의 은혜로 대속하여서
> 피와 같이 붉은 죄 눈 같이 희겠네

그리스도가 우리의 죗값을 모두 치르셨는데도 하나님이 우리에게서 대가를 기대하신다면 하나님께 불의함이 있다는 말이다. 죗값이 이미 치러졌으므로 추가로 지불할 것이 없다. 따라서 "그러므로 이제 예수 그리스도 안에 있는 자에게는 결코 정죄함이 없나니"라고 말할 수 있다.

최근 한 여성에게서 실패한 결혼생활을 고백하는 편지를 받았다. 그녀는 마지막에 이렇게 말했다. "하나님을 기쁘시게 하는 일은 포기했어요. 제 아버지와 남편 마음에 들기도 어려운데 어떻게 하나님을 기쁘시게 하겠어요?"

당신이라면 어떻게 답하겠는가? 나는 이렇게 말했다. "부인에게 반

하나님의 사탄

가운 소식이 있습니다. 하나님 마음에 들려고 노력하실 필요가 없습니다. 하나님은 우리가 아무리 노력해도 우리와 함께하시기보다는 그리스도와 함께하시는 것으로 이미 충분히 기뻐하십니다. 그러나 우리가 그리스도를 신뢰하면 하나님은 자신의 사랑하는 아들과 함께 있는 것처럼 우리와 함께하기를 기뻐하십니다."

물론 하나님을 기쁘시게 하기 위해 노력하라는 성경의 도전과 적절한 균형을 맞추어야 한다(고전 9:24-27, 딤후 2:4). 하나님이 우리를 이미 기뻐하신다는 사실을 알기 전까지는 하나님을 기쁘시게 할 수 없다. 자신이 "하나님이 기뻐하는" 그분의 사랑스런 자녀라는 사실을 알 때 우리는 일상의 경험에서 하나님을 기쁘시게 하겠다고 소망하며 평안하게 살 수 있다.

정말 힘든 시절에 나는 이렇게 기도했다. "하나님, 오늘은 제발 저를 보지 마시고 당신의 아들을 보시고 그 아들 안에서 제가 온전한 것을 기억해주십시오." 물론 하나님은 내가 삶에서 날마다 예수님을 닮기 바라신다. 그러나 내 힘으로는 도저히 그리스도처럼 하나님을 기쁘시게 할 수 없다. 그래서 나는 나를 대신하여 예수님이 하신 일을 기쁘게 의지한다.

자신이 '용서받지 못할 죄'를 저질렀다고 믿는 사람들에게서 종종 편지를 받는다. 물론 '하나님께 용서받지 못할 죄'가 있다. 복음을 들었지만 거부하기로 결정한 사람들이 지은 불신의 죄, 마음의 완악함이 그렇다.

그러나 어떤 그리스도인도 용서받지 못할 죄를 저지르지는 않는다. 그리스도를 신뢰하는 사람은 죄를 용서받았다. 그리스도는 우리의 모든 허물을 덮으셨다. 우리가 태어나기 훨씬 전에 우리를 아셨고, 우리가 저지를 죄악도 아셨으며, 그 모든 것을 보혈로 덮으셨다.

사탄이 우리를 정죄할 때 우리는 그에게 지불증명서를 들이밀고 "다 갚았다"고 외쳐야 한다. 이렇게 선포하라. "누가 능히 하나님께서 택하신 자들을 고발하리요 의롭다 하신 이는 하나님이시니 누가 정죄하리요 죽으실 뿐 아니라 다시 살아나신 이는 그리스도 예수시니 그는 하나님 우편에 계신 자요 우리를 위하여 간구하시는 자시니라"(롬 8:33-34).

그리스도가 우리의 사건을 변호하셨고, 하나님이 그 답변을 수용하셨다. 하나님이 말씀하시면 온 우주가 듣는다.

생명의 능력을 입증하신 그리스도

사탄은 죽일 수만 있고 살리지는 못한다.

하나님은 자신의 완전한 우월함을 입증하시고 누가 주고 왕인지에 대한 논란을 불식하시려고 그리스도를 죽은 자 가운데서 일으키셔야 했다. 이런 이유에서 그리스도의 부활은 복음 메시지에 필요한 부분이다(고전 15:3-5). 그 자체가 죄의 결과인 사망은 매우 두려운 일이지만 그리스도는 우리를 위해 사망을 이기셨다. "자녀들은 혈과 육에 속하였으매 그도 또한 같은 모양으로 혈과 육을 함께 지니심은 죽음을 통하여 죽음의 세력을 잡은 자 곧 마귀를 멸하시며 또 죽기를 무서워하므로 한평생 매여 종 노릇 하는 모든 자들을 놓아 주려 하심이니"(히

2:14-15).

사탄은 사람이 언제 죽을지를 결정하는 능력이 없다. 그것은 사망과 음부의 열쇠를 가지신 부활하신 그리스도께만 속한 일이다. 그러나 사탄은 우리 머리 위에 사망의 폭정을 휘두른다. 회심하지 않은 사람들의 경우 그리스도를 믿을 기회의 문을 사망이 닫아버린다.

창유리 안쪽에 있는 나비가 정신없이 퍼덕거리는 모습을 생각해보자. 나비는 자기를 집어삼키려고 부리로 쪼아대는 참새에게 쫓기고 있다. 그러나 나비는 둘 사이를 분리하는 유리창의 존재를 인지하지 못한다. 남극으로 날아가면 생명을 부지할 수 있을 텐데 유리창 안쪽에 있는 나비는 참새가 아무리 유리창 가까이 와도 안전하다는 것을 깨닫지 못한다. 마찬가지로 보이지 않는 그리스도가 사탄의 권세에서 우리를 보호하기 위해 오셨다. 뱀이 소리를 내며 위협하지만 그는 우리를 집어삼키지 못한다. 우리에게는 다른 왕이 있고 우리는 다른 나라에서 섬기고 있기 때문이다.

그리스도는 생명과 죽음의 공포에서 우리를 구원하려고 오셨다. 부활은 예수님이 무덤보다 강하시다는 반증이다. 그리스도가 하늘에 오르실 때 그분은 자신을 믿는 모든 사람을 위해 문을 여셨다.

하늘 문을 여신 그리스도

모든 성경학자가 동의하지는 않지만 나는 구약성경에서 믿음으로 죽은 사람들은 음부로 내려갔고 그리스도가 승천하실 때까지 하늘로 올라가지 않았다고 생각한다. 바울은 그리스도가 올라가실 때 "사로잡혔던 자들을 사로잡으시고 사람들에게 선물을 주셨다"(엡 4:8)고 했다. 음부에서 의로운 사람들이 모인 구역에 있던 사람들이 하늘로 올라갔다는 의미가 아닐까 싶다.

그럼에도 불구하고 확실한 사실은 그리스도의 죽음이 그분의 자녀들을 위해 하늘 문을 열었다는 것이다. 예수님은 십자가에 달린 강도에게 "오늘 네가 나와 함께 낙원에 있으리라"(눅 23:43)고 하셨다. 하늘로 가는 길을 예수님이 하늘에 오르면서 열어주셨다. 죽음은 더는 우리의 적이 아니라 우리를 하나님께 데려가는 친구다.

묘지를 지나가는 어린 소녀에게 두렵지 않냐고 물었더니 이렇게 대답했다. "우리 집이 반대편에 있어요." 벌은 침을 한 번 쏘면 두 번 다시 쏘지 못한다. 위협하고 무섭게 할 뿐 침은 이미 써버려서 사용할 수 없다. 사망에서 침을 제거하신 그리스도는 "우리가 담대하여 원하는 바는 차라리 몸을 떠나 주와 함께 있는 그것"(고후 5:8)이라고 하셨다.

스데반은 돌에 맞아 죽을 때 자신을 기다리시는 그리스도를 보았다. 하나님의 아들께서는 신실한 자녀가 집에 오기를 기다리며 서 계신다. 하늘의 문은 믿는 사람 모두를 기다린다.

그리스도는 우리를 천사보다 높은 자리로 올리심

당신은 천사 가브리엘이 있는 곳으로 자리를 옮길 생각이 있는가? 대답하기 전에 잘 생각하기 바란다. 아름다움과 능력을 지닌 존재를 보면 질투심이 생길 수도 있다. 우리보다 한 수 위라는 생각이 들 수도 있다. 사실 우리는 천사의 힘과 아름다움에 필적할 수 없다. 하나님

하나님의 사탄

이 맡기신 일을 하며 온 우주를 날아다니는 것을 우리로서는 상상하기도 어렵다.

그러나 우리는 천사들보다 위에 있다. 어떤 천사도 그리스도의 형제라고 불리지 않는다. 어떤 천사도 '그리스도의 상속자'가 될 수 없다. 어떤 천사도 죽지 않는다는 점에서 그리스도는 잠시 천사보다 낮은 자리에 계셨다. 우리도 잠시 천사보다 못하겠지만 장차 달라질 것이다(히 2:5-13).

하나님의 영원한 관점으로 돌아가자. 하나님이 우리를 구덩이에서 끌어내어 궁전으로 들어가게 하신 이유는 "이제 교회로 말미암아 하늘에 있는 통치자들과 권세들에게 하나님의 각종 지혜를 알게 하려 하심"(엡 3:10)이나. 결국 하나님이 보여주려고 하신 것은 그분의 은혜다. 하나님은 한없이 낮은 곳으로 추락한 죄인들을 높이 올리셨다!

> 66
> 사탄이 은혜에서
> 타락하기 전에
> 누렸던 영예를
> 우리가 누린다.
> 99

우리는 세상을 심판한다.

우리는 천사들을 심판한다.

우리는 하나님의 상속자요 그리스도와 함께한 상속자다.

사탄은 당연히 분개한다. 자신이 타락하기 전에 은혜로 누렸던 것보다 더 큰 영예를 우리가 받는다는 사실은 시기심 많은 사탄에게 도저히 참을 수 없는 일이다. 그가 이미 포기한 일들을 생각해보라. 그는 더는 하나님을 대언하는 예언자가 될 수 없다. 하나님을 직접 경배하는 제사장도 될 수 없다. 하나님의 메시지를 전달하는 사신도 될 수 없다. 하나님을 닮고 싶었던 자는 하나님을 가장 닮지 않은 자로 전락했다. 소득은 없고 손실만 있다.

현재 그는 보석으로 석방된 상태다. 최후 심판을 받을 때까지만 이동하는 것이 허락되었다. 불못의 형벌은 연기되었을 뿐이다. 이미 판결은 내려졌다. 이미 번개가 쳤고 머지않아 천둥소리가 들릴 것이다.

마르틴 루터가 10개월 동안 숨어 지냈던 독일 바르트부르크 성을 아내와 함께 가본 적이 있다. 약 1.5제곱미터 정도 될까 싶은 작은 방에서 그는 사탄의 공격을 느끼며 괴로움에 신음했다. 심지어 루터가 악마에게 잉크통을 던졌다는 말까지 전해진다. 그가 『교훈 담화』(*Table Talks*)에서 "나는 잉크로 악마와 싸웠다"고 한 말은 여러 해석이 가능하다. 그가 신약성경을 독일어로 번역하면서 악마와 싸웠다는 의미로도 볼 수 있다.

그는 사탄에게서 무수히 공격을 받았음에 틀림없다. 그러나 바르트부르크 성과 여러 성에 거하며 느꼈던, 성이 주는 지닌 힘과 안전에서 얻은 영감으로 그는 "내 주는 강한 성이요"라는 유명한 찬송시를 남겼다.

이 땅에 마귀 들끓어 우리를 삼키려 하나

겁내지 말고 섰거라 진리로 이기리로다

흑암의 왕자 암울하나 우리는 떨지 않으리

그의 분노는 견딜 만하며

아, 그의 운명 정해졌으니

우리의 작은 말에 넘어지리라

여기서 "작은 말"은 무엇인가? 그리스도를 말한다. 그리스도의 이름을 바르게 이해하고 선포할 때 마귀를 넘어뜨릴 수 있다.

십자가가 이미 그것을 증명했다.

사탄이 아직 흑암의 구덩이에 빠지지 않은 이유는 하나님의 계획을 달성하는 데 사탄이 필요하기 때문이다. 다음 장에서 보겠지만 뱀은 하나님의 종이다. 그는 타락하기 전에 하나님을 섬겼고, 지금도 하나님을 섬긴다. 물론 그에게는 다른 동기가 있고 전보다 상황이 훨씬 좋지 않지만 그럼에도 그는 여전히 종이다.

이제 커튼이 올라가고 다음 막이 시작된다.

7

뱀, 하나님의 종

07
뱀, 하나님의 종

사탄의 능력은 얼마나 될까? 우리의 원수 마귀가 할 수 있는 일과 하지 못하는 일을 정확히 모르기 때문에 대답하기 어려운가? 우리는 사실 본 적도 없고 우리를 넘어선 영역에서 능력을 발휘하는 존재를 상대하는 것이다. 그런데도 정확한 대답이 가능하다. 사탄은 하나님이 그에게 허락하신 만큼만 힘을 갖는다.

사탄은 최근 들어 자신에게 쏟아진 새로운 관심을 은근히 즐기고 있을 것이다. 여기서 성경이 말하는 사탄에 대한 설명이 필요할 것 같다. 성경에는 사탄에 대한 기록이 많다. 문학 작품은 사탄이 휘두르는 힘을 극도로 과대평가하는 경향이 있다.

교회는 오히려 사탄을 심각하게 생각하지 않는 정반대의 실수를 저지른다. 사탄이 그리스도인의 적이라는 사실을 알지만 대부분 사람은 자신이 사탄의 영향력을 직접적으로 받지 않는다고 믿는다. 내담자에게 '악한 영의 견고한 진'이 문제의 근원이라고 말하는 상담가는 극히 드물다. 귀신들림이 분명한데도 다른 진단이 내려질 때가 많다.

일부 교사들은 우리가 사탄이나 그의 졸개들에게 영향을 받는다는 사실을 마침내 깨닫고 고집스러운 습관을 끊거나 고통스러운 과거를 처리하는 주요 수단으로 축출 사역을 선택한다. 사탄을 거의 모든 문제의 원인으로 간주하는 것은 그나마 괜찮지만 사탄을 거의 전능한 존재로 생각하는 경우도 있다. 그런 상담은 믿음을 고쳐시키기는커녕 무기력한 비관주의를 낳는다. 우리는 하나님이 결국에는 승리하시지만 사탄에게 세상에서 마음대로 할 수 있는 무제한의 자유가 주어졌다고 생각한다. 하나님이 최후 승리를 거둔다고 믿는 사람 중 일부는 그 승리가 아슬아슬한 승부의 결과인 것처럼 말하고 행동한다. 결코 그렇지 않다.

다시 한 번 말하지만 악마는 하나님께 순종했던 때 그랬듯이 하나님께 거역하는 지금도 여전히 하나님의 종이다. 지금도 하나님의 분명한 허락 없이는 행동할 수 없다. 하나님의 동의나 승인 없이는 유혹이나 회유, 누군가를 악마로 만드는 일을 못하며, 계획 하나도 실행하지 못한다. 루터의 말을 기억하자. 마귀는 하나님의 마귀다. 하나님의 주권 안에 있는 것이다.

사탄은 하나님의 조언과 목적에 따라 다양한 역할을 소화한다. 그는 세상에서 하나님의 뜻을 행해야 하며 전능하신 하나님의 명령을 준수해야 한다. 물론 사탄에게는 무시무시한 능력이 있다. 그러나 하

하나님의 사탄

나님의 지시와 생각 아래에서만 그 능력을 발휘할 수 있다는 사실은 우리에게 희망을 준다. 사탄은 사람들을 마음대로 파멸시킬 수 없다.

하나님이 작정하셨다면 타락한 종을 다른 행성으로 추방하거나 바로 불못으로 던져버렸을 수도 있다. 하나님이 선택하신 계획은 언제나 바르고 정당하다. 하나님이 사탄을 이 세상에 두기로 결정하신 이유는 단 하나다. 지구에서 펼쳐지는 이야기에서 사탄에게 주어진 역할이 있기 때문이다. 그는 자신의 계획이 아니라 하나님의 계획대로 자신에게 주어진 역할을 담당한다.

이 사실을 아는 것이 왜 중요한가? 그래야만 하나님을 만왕의 왕이요 하늘과 땅의 통치자로서 온전히 경외할 수 있다. 하나님은 루시퍼가 악마가 되기 전에 그를 만드셨다.

> **66**
> 우리가 전해들은
> 마귀는 실제와 다르다.
> **99**

뱀을 저주하신 분은 하나님이다. 사탄의 최후 패배와 수치를 예언하신 분은 하나님이다. 마귀에게 그리스도를 상대로 싸우도록 허락하신 분은 하나님이다. 최후의 순간까지 모든 싸움을 지휘하는 분은 하나님이다. 하나님은 자신의 모든 피조물을 담당하는 책임을 버리신 적이 없다. 자신에게 반역하기로 선택한 어리석은 자에게까지 책임을 다하신다.

믿음으로 사탄과 싸울 때 사탄에게는 한계가 있음을 기억하라. 사탄에게 자율권이 없다는(독단적으로 행동할 수 없다는) 사실이 주는 안전감이 커질수록 사탄을 물리칠 수 있다는 믿음이 자란다. 그는 우리가 텔레비전 토크쇼에서 듣거나 책에서 읽은 마귀와 다르다.

뱀이 하나님을 어떻게 섬기는지 알아보자.

하나님은 사탄을 사용하여 비회심자를 심판하신다

사탄이 하나님의 권능 안에서 제한을 받으므로 하나님이 사탄의 역할을 간헐적인 전투로 제한하실 거라고 생각할 수 있다. 여기서 잠시 소동을 일으키고 저기서 잠시 공격하는 식으로 말이다. 그러나 사탄은 복음을 받아들이지 않은 전 세계 사람들의 마음속에 영적인 무지를 일으킬 정도의 능력을 지녔다. 바울은 복음이 멸망하는 자들에게 가려졌다면서 이렇게 말한다. "그 중에 이 세상의 신이 믿지 아니하는 자들의 마음을 혼미하게 하여 그리스도의 영광의 복음의 광채가 비치지 못하게 함이니 그리스도는 하나님의 형상이니라"(고후 4:4).

구원받지 않은 사람들이 복음을 듣지 못하도록 방해하는 사탄의 능력이 아직도 의심된다면 그리스도의 말씀을 기억하라. 예수님은 하나님의 말씀을 땅에 뿌려진 씨에 비유하셨다. 어떤 씨는 뚫고 들어가지 못할 만큼 단단한 땅에 떨어진다. 예수님은 이렇게 설명하신다. "말씀이 길 가에 뿌려졌다는 것은 이들을 가리킴이니 곧 말씀을 들었을 때에 사탄이 즉시 와서 그들에게 뿌려진 말씀을 빼앗는 것이요"(막 4:15). 사탄은 사람들의 머리에서 생각을 빼앗는다.

하나님의 사탄

사탄이 그렇게 하도록 놔두시는 하나님의 목적이 무엇일까? 모든 사람이 어떤 식으로든 신을 섬긴다는 사실을 확증하시려는 것이다. 그리스도를 통해 참 하나님과 하나가 되지 않은 사람은 거짓 신인 사탄에 의해 눈이 가려진다. 빛 가운데로 걸어가지 않으면 어둠에 사로잡힌다. 마음이 완고한 사람은 갑절로 마음이 완고해진다.

그러나 우리의 눈을 가리는 사탄의 행위는 하나님의 뜻과 목적 아래 있다. 믿는 사람의 경우 복음의 빛이 눈을 가린 비늘을 제거한다. 이때 마귀는 할 수 있는 일이 없다. 하나님이 생명의 선물을 주시기로 결정한 영혼이 있으면 천 명의 악마가 방해해도 그리스도를 믿는 일을 막지 못한다. 찰스 웨슬리(Charles Wesley)는 하나님의 권능을 상상하며 이런 글을 남겼다.

죄와 야만의 밤에
오랫동안 갇혔던 내 영혼
당신의 눈 소생의 광선 비추사
나는 깨어났네
감옥은 빛으로 불타오르고
내 사슬은 풀리며 내 마음 해방됐네
나는 일어나 앞으로 가며 주를 따랐네

사람들이 빛을 보도록 돕기 위해 우리가 할 일이 있을까? 복음의 기쁜 소식을 사람들에게 나누어주어야 한다. 바울은 "이 복음은 모든 믿는 자에게 구원을 주시는 하나님의 능력이 됨이라"(롬 1:16)고 설명한다. 우리가 하지 못하는 일을 하시는 성령님을 의지하라. 예수님은 성부 하나님이 자신에게 주신 자들은 결국 자신에게 와서 영생을 얻는다고 하셨다(요 6:35).

사탄이 비회심자의 생각 속에 힘을 발휘한다고 해서 그들에게 복음을 전하는 일을 중단해서는 안 된다. 아무리 눈이 가려지고 영적으로 죽은 사람이라도 그의 마음을 여실 하나님의 능력을 신뢰하라. 그가 복음을 받아들이든 그렇지 않든 복음은 결국 하나님께 사용된다.

바울은 고대 로마 군대가 전쟁에서 이기고 행진한 일을 생각하면서 우리가 승리의 행진을 하고 하나님께 속한 사람들의 마음에 승리의 향기가 넘쳐날 때가 잃어버린 영혼들에게는 저주의 순간이라고 했다. "우리는 구원 받는 자들에게나 망하는 자들에게나 하나님 앞에서 그리스도의 향기니 이 사람에게는 사망으로부터 사망에 이르는 냄새요 저 사람에게는 생명으로부터 생명에 이르는 냄새라 누가 이 일을 감당하리요"(고후 2:15-16).

겉으로 보면 회심하지 않은 사람들의 삶을 조종함으로써 사탄이 자신의 목적을 달성한 것처럼 보인다. 사람들의 눈을 가려서 하나님의 빛을 보지 못하게 하는 것만큼 그에게 기쁜 일은 없다. 그러나 이미 살펴보았듯이 사탄이 자신의 목적에 충실한 그 순간에도 그는 사실 하나님의 목적 아래 있다. 하나님이 세우신 계획에는 회심하지 않은 영혼들의 심판과 운명도 포함된다. 사탄은 결코 하나님을 통제할 수 없고 언제나 하나님이 사탄을 통제하신다.

사탄은 불신자들의 삶에 하나님의 심판이 임하는 도구가 됨으로써 하나님을 섬긴다. 아무리 하나님의 허락을 받고 한 일이라도 사탄은 그의 행위에 대해 심판을 받는다. 기억하자. 사탄이 승리한 것처럼 보일 때에도 그는 패배한 것이다.

하나님은 사탄을 사용하여 순종하는 자를 단련하신다

하나님은 종종 우리와 사탄이 싸울 장소를 택하신다. 믿음의 사람 욥을 유혹하여 무너뜨리는 계획이 처음부터 사탄의 생각이었을까? 그랬다면 그는 하나님께 와서 허락을 구했어야 한다. 그런데 하나님과 사단이 만난 정기 브리핑에서 욥의 신실함에 대해 먼저 말을 꺼낸 분은 하나님이었다. 하나님은 이렇게 질문하셨다. "네가 내 종 욥을 주의하여 보았느냐 그와 같이 온전하고 정직하여 하나님을 경외하며 악에서 떠난 자는 세상에 없느니라"(욥 1:8).

욥이 순종하는 이유에 대해 의견이 오가고 하나님은 사탄에게 정해진 범위 안에서 욥을 시험하도록 허락하신다. "내가 그의 소유물을 다 네 손에 맡기노라 다만 그의 몸에는 네 손을 대지 말지니라"(12절). 곧이어 사탄의 놀라운 능력이 펼쳐진다. 번개를 내려서 욥의 종들을 죽이는가 하면 사악한 사람들을 보내서 종들과 동물들을 죽이고, 자녀들이 집에서 식사할 때 큰 바람을 일으켜 집을 파괴하고 열 명의 목숨을 앗아갔다.

잘 알다시피 욥은 그럼에도 불구하고 신실함을 지켰다. "욥이 일어나 겉옷을 찢고 머리털을 밀고 땅에 엎드려 예배하며…주신 이도 여호와시요 거두신 이도 여호와시오니 여호와의 이름이 찬송을 받으실지니이다"(20-21절). 시험을 통과했으나 여기서 끝나지 않는다. 사탄은 욥이 개인적으로 상해를 입지 않았기 때문에 믿음을 지켰다고 불평하며 새로운 시험을 제안했다. "가죽으로 가죽을 바꾸오니 사람이 그의 모든 소유물로 자기의 생명을 바꾸올지라 이제 주의 손을 펴서 그의 뼈와 살을 치소서 그리하시면 틀림없이 주를 향하여 욕하지 않겠나이까"(욥 2:4-5).

여기서 주목할 부분이 있다. 욥에 대한 사탄의 공격이 거세진 이유는 하나님이 허락하셨기 때문이다. 전능하신 하나님의 허락 아래 사탄은 욥의 발바닥에서 정수리까지 종기가 나게 했다. 사탄의 능력을 절대 과소평가하지 마라. 그런데 그의 능력은 아무리 무시무시해도 하나님의 손 안에 있다.

욥의 시험은 하나님에게서 왔는가, 사탄에게서 왔는가? 물론 직접적인 원인은 사탄이지만 궁극적인 원인은 하나님이다. 욥의 가족은 "여호와께서 그에게 내리신 모든 재앙에 관하여 그를 위하여 슬퍼하며 위로했다"(욥 42:11). 사탄은 전능하신 하나님의 승인이 있어야만 하나님의 자녀를 건드릴 수 있기 때문에 욥의 시험은 결국 하늘 아버지의 손에서 온 것이다.

사람을 불구로 만들고 파멸시키고 심지어 죽이는 사탄의 능력이 아무리 놀라워도 사탄이 독단적으로 결정할 수 있는 일이 아님을 반드

하나님의 사탄

시 기억하자. 악한 일을 행하려면 먼저 하나님의 허락을 받아야 한다. 악마가 '이 세상의 신'일지라도 그는 하나님의 뜻 아래서만 통치할 수 있다. 루터는 사탄의 능력에 대해 이렇게 말한다. "그의 능력은 세상만큼 크고 세상만큼 넓으며 하늘부터 지옥까지 펼쳐지나 그 악한 영은 하나님의 선하심이 허용한 범위에서 털끝만큼도 벗어나지 못한다."

때로는 사탄이 싸움 장소를 고르기도 한다. 그는 베드로에게 있는 약점을 발견하자 그때를 놓치지 않고 그리스도께 와서 간청했다. "시몬아, 시몬아, 보라 사탄이 너희를 밀 까부르듯 하려고 요구하였으나 그러나 내가 너희를 위하여 네 믿음이 떨어지지 않기를 기도하였노니 너는 돌이킨 후에 네 형제를 굳게 하라"(눅 22:31-32). 사탄은 베드로를 무너뜨릴 사악한 계획이 있었으나 먼저 그리스도께 점검받았다. 그는 하나님의 승인이 떨어지지 않으면 베드로에게 접근할 수 없었다. 사탄은 하나님께 요구해서 사람을 얻어낸다. 그는 예수님의 제자 중 한 명을 건드릴 기회를 달라고 간청했다. 사탄이 있는 힘껏 일으킨 바람에 껍질이 벗겨지고 알맹이만 남았다.

최근에 상담한 한 그리스도인 부부는 자신들을 파멸시키려는 의도로 악한 사람이 퍼부은 저주 때문에 해를 입을까 봐 두려워했다. 나는 사탄이 저주를 실행에 옮기려면 먼저 하나님께 가서 허락을 구해야 한다고 말해주었다. 저주가 있든 없든 그리스도인의 삶은 사탄의 손이 아니라 주 여호와의 손 아래 있다. 사탄은 하나님의 명령 없이는 우리를 건드릴 수 없는 마비 상태다.

물론 사탄은 우리가 다르게 생각하기를 바란다. 그에게 독단적인 능력이 있다고 믿는 것이다. 사탄이 바라는 대로 믿는 사람은 하나님이 보시지 않을 때 원수가 우리 영혼을 노리고 공격할지도 모른다는 두려움에 휩싸여 갈팡질팡한다. 하나님이 사탄에게 그분께 보고하거나 감독을 받지 않고 독립적으로 발휘할 수 있는 능력을 주셨다고 믿는 사람도 있다.

우리 교회에 신비주의와 성적 학대의 피해자였다가 그리스도인이 되어 어린 시절의 끔찍한 공포에서 구출된 자매가 있다. 자매는 자신에게 내려진 저주를 두려워했다. 악마 같은 아버지가 죽은 나이인 46세에 자신도 죽는다는 저주였다. 그러나 사탄이 하나님과 상관없이 독단적으로 일할 수 없고, 하나님이 뜻하시지 않으면 사탄이 자신에게 해를 입히지 못한다는 사실을 알자 두려움으로 가득했던 마음에 평안을 얻었다. 설령 46세에 자매를 무너뜨려도 좋다고 하나님이 허락하실지라도 그녀는 사탄의 뜻이 아니라 하나님의 뜻에 따라 죽는 것이다. 이 글을 쓰는 지금 그녀는 46세가 되었고 예상했던 나이보다 훨씬 오래 살 수 있다고 확신한다.

하나님이 아니라 사탄이 우리의 죽음을 결정한다고 생각하는가? 다시 한 번 말하지만 우리 생명은 사탄의 손이 아니라 하나님의 손에 있다. 사탄은 신의 섭리에서 벗어나 행동하지 못한다. 죽음은 우리가 무서워할 대상이 아니다. 사탄이 아니라 예수님이 분명히 하신 말씀이다. "두려워하지 말라 나는 처음이요 마지막이니 곧 살아 있는 자라 내가 전에 죽었었노라 볼지어다 이제 세세토록 살아 있어 사망과

하나님의 사탄

음부의 열쇠를 가졌노니"(계 1:17-18).

가족이 신비주의와 우상 숭배에 빠져 그 여파로 신앙생활이 마비된 그리스도인들이 있다. 그중 일부는 자신을 따라다니는 저주의 구름 아래 평생을 살아야 한다고 믿는다. 어떤 그리스도인은 삼사대 위 조상 가운데 그리스도인이 없으므로 자신의 자녀와 후손은 하나님의 완전한 축복을 누리지 못한다고 생각한다. 십계명과 관련된 구절을 보고 그런 결론을 내린 것이다.

그것들에게 절하지 말며 그것들을 섬기지 말라 나 네 하나님 여호와는 질투하는 하나님인즉 나를 미워하는 자의 죄를 갚되 아버지로부터 아들에게로 삼사 대까지 이르게 하거니와 나를 사랑하고 내 계명을 지키는 자에게는 천 대까지 은혜를 베푸느니라(출 20:5-6).

부모의 부당한 행위가 자녀에게 미치는 영향은 도대체 어디까지일까? 물론 우상 숭배를 했던 부모의 자손이 가진 취약점을 노리고 가계를 공격하는 세대의 영이 있을 수 있다. 그러나 학대와 증오와 우상 숭배가 가득한 가정에서 자랐음에도 영적으로 충만한 그리스도인도 많다. 저주는 우리가 그것에 종속된다고 생각할 때에만 우리를 통제할 수 있다.

내가 관찰한 결과 가족사에 근거한 사탄의 행위에서 명확한 패턴을 찾기는 어렵다. 출애굽기에 나오는 저주는 하나님을 미워하는 사람들에게 내려졌다. 즉 하나님을 미워하는 사람들에게만 해당된다고 볼 수 있다. 하나님은 자신을 경외하는 사람들에게 천 대까지 복을 베푸신다.

가족사가 어떠하든 그리스도인은 저주 아래 있지 않다. 그리스도 가 우리의 저주를 짊어지셨기 때문이다. 흑암의 나라에서 빛의 나라로 가는 이동은 완료되었다. 사탄은 우리가 그의 통제, 저주, '불가피한 계략'에 집착하기를 바란다. 그러나 빌라도가 그랬듯이 사탄은 하나 님이 주신 것 외에는 우리에게 아무 권한이 없다.

다음은 내 친구 아들에 대한 이야기다. 아이는 눈에 보이지 않는 누군가에게서 이런 말을 들었다고 한다. "하나님은 너를 미워하셔. 나를 따르는 게 너한테 좋아." 아이는 그것이 악한 영인지도 모르고 어려울 때 그 '친구'에게 도움을 청했다. 이 기이한 우정을 알게 된 부 모는 그리스도의 이름으로 마귀를 꾸짖었다. 당연히 싸움이 벌어졌으 나 악마가 완패했다. 한 가지 중요한 사실이 있다. 아이의 부모는 악 마에게 아이를 사로잡을 권리가 없음을 확실히 안 것이다.

악마에게 아이를 괴롭힐 능력을 주신 하나님의 목적이 무엇일까? 부모는 하나님의 권능에 대해 배웠고, 아이는 마귀의 속이는 본성과 그리스도의 사랑을 배웠다. 사탄의 계략에 넘어졌으나 "형제를 굳게 했던" 베드로처럼 가족은 이 경험으로 성장했다. 사탄은 전쟁터를 선 택하고 싸웠으나 패배했다.

그리스도만이 우리의 삶을 주장하신다고 선포함으로써 우리는 저 주를 끊을 수 있다. 우리가 그리스도의 보혈이라는 값비싼 대가를 치

하나님의 사탄

르고 산 사람이라는 사실을 기억한다면 사탄에게 우리를 해할 권리가 있다는 거짓말을 믿지 마라. 우리를 두고 벌어지는 전쟁은 우리를 단련하고 종국에는 축복하시려고 하나님이 허락하신 일이다. 하나님은 우리를 "흑암의 권세에서 건져내사 그의 사랑의 아들의 나라로 옮기셨다"(골 1:13). 그리스도 안에서 우리가 누구인지를 선포함으로써 악마의 거짓말을 거부하는 일도 신앙이 성장하는 데 필요하다.

마르틴 루터의 하인은 영혼을 악마에게 판 뒤 절망 속에 살았다. 루터가 말했다. "당신이라면 내 아이 중 하나를 노예로 판매한다는 매도 증서에 합의하겠습니까? 그 합의가 유효할까요?"

"아니요. 말도 안 되지요. 제 아이가 아니라서 제게는 주인님 아이를 팔 권리가 없어요."

이에 루터가 대답했다. "당신은 하나님의 자녀예요. 하나님이 당신의 영혼을 소유하셨기 때문에 그 영혼을 남에게 함부로 주지 못해요." 우리는 다른 사람의 자녀를 마음대로 팔아넘길 수 없다. 그리스도의 나라에 속한 사람은 그에 대해 아무 권한이 없는 왕과의 계약에 구속되지 않는다. 하나님의 자녀가 악마와 맺은 모든 계약과 서약은 계약이 체결된 순간 무효다.

물론 사탄은 우리가 그 사실을 모르기 바란다. 그는 우리를 끝까지 사로잡기 위해 수단과 방법을 가리지 않는다. 이것을 기억하자. 우리는 혼자서 고난을 당하는 게 아니다. 하나님의 사람들과 시련을 함께 감내한다. 우리에게는 하나님의 약속이 있다. "그런즉 이 일에 대하여 우리가 무슨 말 하리요 만일 하나님이 우리를 위하시면 누가 우리를 대적하리요"(롬 8:31). 사탄은 우리의 불신이 그에게 준 모든 능력을 한껏 활용한다.

아이들을 동물원에 데려가본 적이 있는 부모라면 알 것이다. 사자 우리를 지나갈 때 아이들은 겁을 먹지만 어른들은 그렇지 않다. 아이들은 사자를 보지만 부모는 철창을 보기 때문이다.

사탄은 집어삼킬 먹잇감을 찾아다니는 우는 사자다(벧전 5:8). 그는 위협적으로 으르렁거리며 각종 술수와 계략을 쓴다. 그러나 동물원의 사자와 마찬가지로 사탄은 제한된 범위 안에서만 자유롭다. 하나님이 허용하신 한계 안에서 돌아다닌다. 그렇다고 그가 벌써 무저갱에 갇혔다는 의미는 아니다. 뒤에서 설명하겠지만 그것은 지상에서 벌이는 활동이 완전히 끝나는 미래에 일어날 일이다. 그러나 하나님은 지금도 일정한 한계선을 긋고 "여기까지만 된다. 더는 안 돼"라고 단호히 말씀하신다. 사탄은 하나님이 세우신 장애물 뒤에 있어야 한다.

하나님은 사탄을 사용하여 불순종하는 자를 징계하신다

때로는 우리가 전쟁터를 선택한다. 구약의 사울 왕을 신자로 보아야 할지 불신자로 보아야 할지를 두고 학자들 사이에 논란이 있다. 양측 모두 근거가 있다. 확실한 대답은 하나님만 아신다.

나는 사울 왕을 신자로 볼 근거가 있다고 생각한다. 그렇다고 천국에서 그를 만나게 될지는 잘 모르겠다. 물론 얼룩진 과거가 있으나 그는 여호와의 영이 크게 임하여 새롭게 된 사람이다(삼상 10:6). 그도 위대함과 겸손과 절제를 알았던 때가 있었다.

그러나 다윗이 그의 삶에 등장한 뒤로 시기심이 그를 갉아먹기 시작한다. 사울을 가장 억울하게 만든 일은 골리앗 사건이다. 다윗은 사울이 겁을 먹고 하지 못한 일을 용기 있게 해냈고, 능숙한 물매질로 백성의 마음을 사로잡았다. 여인들의 칭찬이 자자했다. "사울이 죽인 자는 천천이요 다윗은 만만이로다"(삼상 18:7).

다윗이 등장한 이유는 왕으로서 사울의 지위가 사실상 끝났기 때문이다. 그는 하나님의 확고한 명령에 불순종했다. 그의 지위는 "하나님 마음에 합한 자"인 청년에게 서서히 넘어가고 있었다.

사울은 공개적인 모욕을 참을 수가 없었다. 분통을 터뜨렸다. "다윗에게는 만만을 돌리고 내게는 천천만 돌리니 그가 더 얻을 것이 나라 말고 무엇이냐"(8절). 사울을 평가할 때 겸손 항목에는 합격점을 주기가 어렵지만 정직 항목에는 합격점을 줄 수 있다. 백성이 자신과 다윗을 비교한 것에 사울은 큰 상처를 받았다.

어느 날 당황스러운 일이 벌어진다. "그 이튿날 하나님께서 부리시는 악령이 사울에게 힘 있게 내리매 그가 집 안에서 정신 없이 떠들어 대므로 다윗이 평일과 같이 손으로 수금을 타는데 그 때에 사울의 손에 창이 있는지라"(10절). 사울이 던진 창을 다윗이 용케 피했다.

"하나님께서 부리시는 악령"에 주목하라.

"사탄이 부리는 악령이 사울에게 내리매"라고 해야 할 것 같은데 이 악령은 사탄이 아니라 하나님에게서 왔다. 사탄의 사신이 하나님의 사신인 것이었다.

여기서 한 가지 원리를 볼 수 있다. 하나님은 불순종하는 백성을 적의 손에 넘기셔서 그들을 징계하신다(신 28:47-48). 이 악령은 왕의 시기심을 조종하여 그를 괴롭히기 위해 파견되었다. 사울이 별 이유 없이 다윗에게 분노하고 히스테리를 부리는 것도 이해가 된다. 다윗의 겸손에 감화된 사울은 하나님께 울며 회개하는 자리로 나아갔지만 그때도 사울은 전심이 아니었다. 사울은 패배했고, 분노에 휩싸인 채 사망했다. 용서와 하나님과 회복된 삶의 기쁨을 깨닫지 못했다.

악령은 거역하는 왕을 징계하는 일로 하나님께 쓰임받았다. 시기심을 선택한 사울은 그 사악함에 잠식되었다. 하나님께 전심으로 돌아오지 않은 탓에 그는 전심으로 죄를 섬기게 되었다. 자기가 사용하는 방법이 하나님께 순복하는 것보다 낫다고 생각했으므로 그는 결국 악령에게 굴복했다. 하나님의 품으로 돌아가지 않은 그는 절망의 구렁텅이에 빠졌다.

> **하나님은 우리를 징계하시는 데 사탄을 사용하신다.**

이제야 아합 왕과 거짓 선지자들의 이야기가 납득이 된다. 왕이 선지자 400명에게 길르앗 라못으로 가서 싸울지 말지를 물어보자 그들은 공격이 성공할 거라고 왕이 원하는 대답을 했다. 진짜 선지자인 미가야를 데려와 질문하자 그도 처음에는 여호와를 떠난 왕이 바라는 대답을 내놓았다. 왕은 미가야가 솔직히 말하지 않는다고 생각하고 사실대로 말할 것을 종용했다.

그제야 미가야는 솔직하게 예언한다. 그는 아합이 시리아 사람들을 공격하면 이스라엘이 목자 없는 양같이 흩어질 것이라고 했다. 미가야는 400명의 거짓 선지자와 관련하여 여호와의 말씀을 전했다. "여호와께서 그의 보좌에 앉으셨고 하늘의 만군이 그의 좌우편에 모시고 섰는데 여호와께서 말씀하시기를 누가 이스라엘 왕 아합을 꾀어 그에게 길르앗 라못에 올라가서 죽게 할까"(대하 18:18). 영들이 이런저런 대답을 내놓는 중에 한 영이 나오더니 거짓말하는 영이 되어 아합의 선지자들의 입에 있겠다고 했다. 이에 하나님이 대답하셨다. "너는 꾀겠고 또 이루리라 나가서 그리하라"(왕상 22:22).

미가야의 말이 이어진다. "이제 여호와께서 거짓말하는 영을 왕의 이 모든 신지자의 입에 넣으셨고 또 여호와께서 왕에 대하여 화를 말씀하셨나이다"(23절). 아합은 사실을 들었으면서도 여호와의 예언을 능가하겠다고 생각하고 변장한 후 전쟁터에 나갔다. 그러나 적병이 우연히 쏜 화살 하나가 갑옷 솔기에 꽂혀 목숨을 잃었다.

이 경우에도 여호와가 거짓말하는 영을 거짓 선지자들의 입에 두셨다. 자원한 악령에게 임무가 주어졌다. 칼뱅은 이 구절을 이렇게 설명했다. 하나님이 사탄에게 씌운 굴레로 인해 사탄은 '하나님이 이끄시는 대로 가서 수고해야 했다.' 하나님이 사탄에게 사악한 왕에게 가서 거짓말을 하라고 하시면 누군가 가서 그 일을 해야 한다. 전능하신 하나님은 그보다 더한 일도 시키실 수 있다.

이것이 구약성경에만 나오는 사례라고 생각한다면 신약성경을 보

자. 사실 오늘날에도 우리는 하나님께 거역하고 전쟁터를 택하고 있고, 하나님은 사탄을 사용하여 우리를 징계하신다. 바울은 교회가 회중의 죄에 대해 부주의한 태도를 보이는 것을 책망하면서 그들이 그리스도께 불명예스러운 일을 했다고 지적했다. "적은 누룩이 온 덩어리에 퍼지"(고전 5:6)므로 음행한 자를 제명하라고 강조했다.

바울은 고린도 교인들에게 "이런 자를 사탄에게 내주었으니 이는 육신은 멸하고 영은 주 예수의 날에 구원을 받게 하려 함이라"(5절)고 했다. 한 신자가 마귀에게 내주어졌다. 빛의 나라에 속한 사람이 어둠의 하수인이 되었다.

이번에도 사탄의 역할은 하나님의 징계를 집행하는 사도다. 하나님은 당신의 진리에 순복하지 않는 사람에게 악마의 거짓말을 경험하도록 가만히 두신다. 이방인처럼 살고자 하는 사람에게는 이방인의 신에게 사로잡혀보게 하신다. 결국 사탄은 하나님이 원하시는 대로 한다. 그 이상도 그 이하도 아니다.

후메내오와 알렉산더가 믿음의 '파선'을 했을 때 바울은 그들이 "훈계를 받아 신성을 모독하지 못하도록"(딤전 1:20 참고) 사탄에게 내주었다. 혹독하게 징계를 받은 후 그들은 정신을 차릴 것이다.

음행을 저질렀던 그리스도인의 솔직한 고백을 들어본 적이 있을 것이다. 나도 고통, 합리화, 죄책감, 공허함, 사탄의 괴롭힘을 토로하는 이야기를 여러 번 들어보았다. 하나님은 우리를 비참하게 하셔서 회개와 회복의 고통이 비밀을 품고 지속적으로 반역하는 고통보다 훨씬 견딜만 하다는 것을 깨닫게 하신다.

하나님의 사탄

다윗이 회개하기 전에 했던 말을 기억하는가? "주의 손이 주야로 나를 누르시오니 내 진액이 빠져서 여름 가뭄에 마름 같이 되었나이다"(시 32:4). 하나님의 징계가 얼마나 큰 고통인지를 아는 사람의 말이다.

루터는 사탄을 하나님의 정원을 가꾸는 데 필요한 괭이 같은 하나님의 공구라고 지적한다. 괭이는 잡초를 제거하며 쾌감을 느낄지는 모르지만 하나님의 손을 벗어날 수 없고, 하나님이 원하시지 않는 곳에 난 잡초를 뽑지도 못하며, 아름다운 정원을 가꾸려는 하나님의 목적을 막지 못한다. 사탄은 언제나 하나님의 일을 한다. 오늘날에도 하나님은 사탄을 사용하여 불순종하는 자를 훈계하신다.

하나님은 사탄을 사용하여 선택된 자들을 정결하게 하신다

사도 바울은 흥미로운 일을 경험한다. 그는 자신을 치러 온 사탄의 사자 곧 육체의 가시를 받았다. 그가 죄를 지었기 때문이 아니라 너무 기고만장하지 않게 하려는 것이 목적이었다. "여러 계시를 받은 것이 지극히 크므로 너무 자만하지 않게 하시려고 내 육체에 가시 곧 사탄의 사자를 주셨으니 이는 나를 쳐서 너무 자만하지 않게 하려 하심이라"(고후 12:7). 하나님이 전쟁터를 선택하신 경우다.

바울은 가시가 떠나가게 해주시기를 세 번 기도했으나 하나님은 가시를 제거해주지 않으시고 그것을 견딜 은혜를 주셨다. 바울은 이렇게 대답한다. "나의 여러 약한 것들에 대하여 자랑하리니 이는 그리스도의 능력이 내게 머물게 하려 함이라 그러므로 내가 그리스도를 위하여 약한 것들과 능욕과 궁핍과 박해와 곤고를 기뻐하노니 이는 내가 약한 그 때에 강함이라"(9-10절).

바울은 "내 원수 사탄의 사자가 내게 입히려고 했던 해는 오히려 나에게 도움이 되었다"고 말한다. 사탄은 결코 우리의 친구가 아니다. 그는 우리를 미워하고 우리가 파멸되기를 원한다. 그러나 우리를 정결하게 하려고 하나님이 보내신 경우에는 우리에게 유익할 때도 있다. 하나님은 우리 삶에 가시가 있더라도 하나님의 은혜가 충분함을 보이시려고 사탄을 사용하신다.

육체의 가시를 하늘 아버지가 보내신 사탄의 사자로 받아들이면 가시를 전혀 다른 눈으로 보게 된다. 이제는 시험(가시)에 감사하게 된다. 사탄이 하나님과 상관없이 독단적으로 행동할 수 있다면 하나님께 감사할 수 없었을 것이다.

악마의 괴롭힘에도 하나님께 감사한 그리스도인들은 결국 삶에서 그리스도가 주시는 해방을 경험했다. 시험이 어둠의 아버지가 아니라 빛의 아버지에게서 왔음을 알면 그 안에 담긴 큰 목적을 알게 된다. 악의 세력은 이런 믿음을 극히 혐오한다.

우리는 죄에 대해 하나님께 감사해서는 안 된다. 사탄에 대해 하나님께 감사해서도 안 된다. 다만 하나님이 자신의 목적을 위해 악을 사용하신 일에는 감사할 수 있다. 우리의 고난과 유혹에 감사하고 "이 시험 중에도 하나님은 선하시며 그분의 뜻이 이루어지고 있다"고

하나님의 사탄

고백하자.

우리는 훈련받고 있는 중이다. 훈련에는 고통, 절제, 믿음, 분별이 필요하다. 그리스도도 고난을 통해 순종을 배우셨다.

하나님과 사탄 사이

사탄에 대한 하나님의 절대적 권능을 상담에 어떻게 활용할 수 있을까? 물론 우리는 모든 상황을 똑같이 대할 수는 없다.

욥과 바울 그리고 사울 왕이 오늘날 한 축사 집회에 왔다고 생각해보자. 그들이 듣게 될 조언은 사탄을 꾸짖으라는 말이 전부일 가능성이 크다. 사탄은 이미 패배한 적이기 때문이다. 이때 간과하기 쉬운 점은 시험을 허락하신 하나님의 목적이다. 하나님은 우리가 확실하게 회개하기를 원하시는데 우리는 즉각적인 축사를 원하는 경우가 많다.

하나님이 마귀의 시험을 허락하시는 데는 여러 목적이 있다. 회개로 이끄시거나, 정결하게 하시거나, 시련을 통해 연단하시려는 것이다. 사탄을 꾸짖으면 그의 간계에서 벗어날 수 있다는 말은 지나치게 단순하며 맞지 않다. 하나님은 욥에게 하셨듯이 우리를 위해서도 사탄에게 시험을 허락하실 수 있다. 분명히 말하건대 우리를 죄로 이끄는 사탄의 유혹에 굴복할 이유가 전혀 없다(뒤에서 자세히 다룰 것이다). 그리고 축출에는 분별이 필요하다.

하나님과 사탄 모두 우리의 유혹과 시험에 관여한다. 각각의 목적을 이해하는 것이 중요하다.

1. 하나님이 원하시는 것과 사탄이 원하는 것을 구별하라. 사탄과 하나님 모두가 우리의 유혹에 적극 개입한다. 그러나 목적은 완전히 다르다. 하나님이 하시는 모든 행동에는 선한 목적이 있지만 악마의 목적은 언제나 파괴하는 것이다. 사탄은 욥의 파멸을 원했고, 하나님은 욥을 시험하셨다.

하나님은 우리가 정결하기를 원하시고 우리와 화해하기를 원하신다. 우리가 하나님으로 만족하기를 바라시고, 그분이 보이신 뜻으로 자족하기를 원하신다. 하나님은 언제나 우리의 유익을 원하신다. 하나님이 명시하신 목적은 우리를 그리스도의 형상으로 변화시키고 많은 아들을 영광에 들어가게 하시는 것이다. 하나님은 영원으로 이어질 일을 우리 마음에 행하기 원하신다. 하나님은 우리에게 죄는 파괴적이고, 의는 강하고 선하다는 것을 가르치신다.

사탄은 우리 영혼이 하나님과 나누는 교제를 분리하려 든다. 그는 분열시키고 파괴할 방법만 찾는다. 하나님의 양을 취하여 흩어지게 만들고 목자이신 여호와와 멀어지게 만든다. 그리스도인의 영혼은 하나님께 속했어도 여전히 더러워질 수 있다. 사탄은 우리를 소유할 수 없지만 어떻게든 파괴하려고 애쓴다.

그대로 놔두면 그는 우리의 관계를 방해하고, 하나님을 향한 사랑을 죽이며, 우리 삶을 죄로 가득 채운다. 이것이 사탄의 목표다. 그는 우리를 함정에 빠뜨리고 올가미를 씌워 옴짝달싹 못 하게 한다. 우리가 최대한 그를 따라서 반역과 독립에 참여하기를 바란다.

시험은 우리가 그리스도께 대한 충성을 선포하고 하나님의 계획에 동참하기 좋은 완벽한 환경이다. 우리는 유혹과 시험의 불길로만 정결해진다. 하나님이 우리 삶에서 하시는 모든 일은 우리의 기쁨을 배가한다. 설령 이 땅에서 보내는 삶이 그렇지 않더라도 장차 누릴 삶에서는 확실하다.

2. 하나님의 권세와 우리의 권세를 구별하라. 사탄은 하나님의 모든 명령에 순종해야 하지만 우리의 모든 명령에는 그럴 필요가 없다. 그리스도는 모든 권세와 능력보다 위에 계시며, 우리는 하나님과 함께 하늘에 앉을 것이다(엡 2:6). 세상에서 사탄이 하는 일에는 하나님의 목적이 있고, 우리에게는 사탄에 대해 절대적 권세가 없다. 많은 설교자가 자신의 모든 말에 사탄이 순종해야 하는 것처럼 말한다. 그러나 사탄은 종종 반항하며 조소와 경멸을 보낸다.

오직 하나님만이 사탄에 대해 무제한의 권세를 갖고 계신다. 워싱턴에서 열린 기도회에서 한 남자가 올바른 지식으로가 아닌 열정만 가지고 이렇게 외쳤다. "사탄과 그의 마귀들에게 명하노니 워싱턴을 떠나고 다시는 돌아오지 말라!" 그러나 증거로 볼 때 사탄과 그의 마귀들은 워싱턴을 떠나지 않았다. 마귀가 철저히 우리의 권세 아래 있다면 세계 어느 도시에서도 그가 활동하지 못하도록 금지할 수 있다. 아예 무저갱으로 던져버릴 수도 있다. 우리에게 권한이 주어졌다면 그를 단숨에 해치웠을 것이다.

1995년 12월 13일 훌리오 루이발 목사가 콜롬비아 칼리에서 총에 맞아 쓰러졌다. 그는 교회의 연합과 기도 사역으로 하나님께 쓰임받던 사람이었다. 그날은 금식 6일째였다. 그리스도 안에서 우리가 승리자라는 사실을 그만큼 잘 아는 사람은 없었다. 그는 악마의 간계를 상대로 끊임없이 싸웠고, 악마를 상대로 자신의 권세를 사용했다. 그러나 잔인한 살인을 막을 수는 없었다. 그도 예수님이 그러신 것처럼 사탄의 명령을 따른 악한 자들의 손에 순교했다. 그의 죽음으로 그 지역 교회들은 연합했고 권능으로 충만해졌다.

만약 콜롬비아나 워싱턴에 왜 지금도 악마가 있느냐고 질문한다면 '여호와께 필요해서'라고 대답할 수밖에 없다. 악한 자에게는 해야 할 역할이 있다. 그는 지금도 자신의 임무를 수행한다. 친한 목사가 1527년에 살해되었을 때 루터가 한 말을 기억하자. 루터는 그 비극에 대해 깊이 절감하고 상념에 잠긴 후 결론을 내렸다. 그 일은 악한 사람의 소행이었다. 악한 사람은 악마의 도구였다. 악마는 하나님의 도구였다. 그러므로 끔찍한 비극도 결국에는 하나님의 섭리 안에 있다. 이 삶에서든 그 이후이든 하나님은 모든 악을 선으로 바꾸신다.

이번 장의 핵심을 담은 구절이 있다. 예수님이 1세기 서머나 교회에 대해 하신 말씀이다. "너는 장차 받을 고난을 두려워하지 말라 볼지어다 마귀가 장차 너희 가운데에서 몇 사람을 옥에 던져 시험을 받게 하리니 너희가 십 일 동안 환난을 받으리라 네가 죽도록 충성하라 그리하면 내가 생명의 관을 네게 주리라"(계 2:10).

우리는 다음과 같은 사실을 기억해야 한다.

• 교회는 악마에게 핍박을 받지만 여전히 하나님의 손안에 있다.

하나님의 사탄

- 사탄에게 신자들을 감옥으로 던질 권세가 주어진 이유는 그들을 시험하기 위해서다.
- 시험의 기간과 강도는 예수님이 정하신다. 예수님이 10일로 정하시면 사탄이 아무리 애를 써도 11일로 늘릴 수 없다.

우리에게는 사탄에게 맞서는 데 필요한 모든 권세가 있다. 하나님의 뜻을 행할 모든 능력도 있다. 그러나 원수에 대한 절대적인 통제권은 우리에게 없다. 우리는 그의 나라를 파괴할 수 없고, 그가 가진 능력의 한계도 정하지 못한다. 바울은 자신이 언제나 악마와 대결하고 그에게 권세를 휘두른다고 생각하지 않았다. 그는 데살로니가에 가려고 했으나 "사탄이 우리를 막았도다"(살전 2:18)고 했다. 바울은 사탄의 방해를 하나님의 개입으로 여겼다.

사탄이 하는 일을 멍하니 바라보며 '이것이 하나님의 뜻'이라고 단념하라는 말이 아니다. 적극적으로 원수와 싸우고 그의 공격에 저항해야 한다. 우리가 사탄에게 맞서 싸우도록 사탄이 우리에게 보내진 것이다. 다만 어떻게 싸우느냐가 중요하다. 사탄이 언제나 하나님께 종속되었다는 사실을 안다면 더 큰 믿음과 지식으로 무장하여 싸울 수 있다.

우리는 이길 수 있는 전쟁을 치르고 있다.

뱀은 우리에게서 무엇을 원하는가? 이 질문에 답을 찾아보자.

8

뱀의 욕망

08
뱀의 욕망

우리는 전쟁 중이다.

우리는 이 전쟁에 대해 평화주의를 주장할 수 없다.

우리는 총알을 피해 도망칠 수 없다.

우리는 폭탄을 피해 숨을 수 없다.

우리는 건강 문제를 이유로 징병 유예를 신청할 수 없다.

내면의 전쟁을 느껴본 적 없다는 사람의 말에는 동의할 수 없다. 하나님과 동행하기 시작한 뒤에도 싸움은 계속된다. 육과 영의 싸움이 벌어지고, 사탄은 우리를 자신의 생각과 합리화로 괴롭히며, 우리의 욕심을 키운다. 우리만 아는 죄가 예상하지 않은 때 불쑥불쑥 나타난다. 누군가는 "마귀는 내가 어릴 때 지은 죄들만 모아서 들이민다"고 했다.

뱀이 우리에게 원하는 것은 무엇인가? 우리가 죄를 지어서 우리 영혼이 하나님과 분리되는 것이다. 우리가 자신처럼 하나님의 권위를 거부하여 자신과 운명을 같이하기를 바라는 것이다. 그는 하나님께 화가 나 있으며, 아무리 최소한이라고 해도 인간이 구원을 받는다는 사실에 짜증이 나 있다. 우리는 그의 분노와 무자비한 공격의 표적이다. 인정받고 경배받고 싶어하는 자신의 욕망을 성취하는 것도 중요한 목적이다. 그는 우리가 자신을 닮기 바란다.

사탄은 우리가 하나님의 자녀인 그리스도인이라면 우리를 하나님의 사랑에서 막을 수 없고, 우리 영혼이 누리는 영원한 안전을 끊을 수 없다는 것도 안다. 그가 할 수 있는 최선은 우리와 하나님의 교제를 끊는 것이다. 그는 우리가 죄로 오염되어 하나님을 보는 눈이 흐릿해지기를 바란다. 하나님에 대한 충성심이 피상적이고 왜곡된 동기에 기초한다는 사실을 어떻게든 증명하려고 노력한다. 우리가 천국에 가는 것을 막지 못한다면 최소한 이 세상에서라도 쓸모없게 만들어야 한다.

사탄이 좋아하는 일은 자신이 하나님보다 우리의 깊은 필요를 더욱 잘 충족해줄 수 있다고 속이는 것이다. 사탄의 주장에 따르면 그를 따르면 더 많은 가능성, 성취감, 행복을 누릴 수 있다. 그는 하나님이 할 수 없는 일을 우리를 위해 해주겠다고 말한다. 축복을 받기 위해 굳이 우리 자신을 낮출 필요가 없다. 죄를 고백할 필요도 없고 전능하신 하나님께 굴복할 필요도 없다. 그저 자아에 몰두하고, 스스로 동기를 부여하며, 자기 주도적으로 행동하면 된다. 뱀은 그것이

하나님의 사탄

진정한 삶이라고 속삭인다.

재정적 지원을 구하지 않고도 여러 고아원을 세운 것으로 유명한 조지 뮬러(George Mueller)는 날마다 오랜 시간 기도했다. 그는 모든 그리스도인의 첫째 의무는 하나님 안에서 영혼이 만족하는 것이라고 했다. 조지 뮬러는 매일 아침 성경을 읽고 영혼이 '하나님 안에서 행복'할 때까지 기도했다. 사탄은 그 행복을 어떻게든 파괴하려 든다. 사탄이 가장 두려워하는 것은 그리스도인이 하나님으로 기뻐하는 것이다. 사탄에게는 거기에 맞설 수단이 없다.

> 66
> 하나님은
> 우리를 유혹하지 않고
> 시험하신다.
> 99

그는 죄를 보기 좋게 만드는 전략을 수로 사용한다. 그는 우리에게 불순종에 대한 두려움을 없애고 우리에게 불순종과 그 결과를 통제할 능력이 있다는 자신감을 키운다. 온갖 형태와 크기의 죄를 매력적으로 포장하여 들이민다. 각자에게 맞는 맞춤형 선물이다. 의도하지 않은 결과라는 법칙에 대해서는 설명하지 않는다.

물론 하나님이 우리를 시험하시는 목적이 있다. 하나님은 우리가 악에게 시험을 받도록 우리를 유혹하는 분이 아니다(약 1:13). 우리에게 하나님을 향한 사랑을 보일 기회를 주시려고 우리를 시험하신다. 사탄이 주는 모든 유혹은 하나님을 향한 충성을 증명하기 위한 시험이다. 포드 자동차를 사랑하는 사람이라면 시험을 통해 차의 신뢰성을 증명하고 싶을 것이다. 반면 포드 자동차를 싫어하는 사람이라면 시험을 통해 차의 결함을 증명하고 싶을 것이다. 시험은 같으나 목적이 다르다.

하나님의 목적은 우리를 단련하고 강하게 하며 선하게 하시려는 것이다. 그러나 그 사실을 모르면 시험 때문에 넘어지고 삶을 낭비하며 죄에 속박된다. 우리에게 최고의 유익이 될 수 있는 일이, 우리의 부주의 때문에 최고의 손해가 될 수 있다. 그 정도로 위험이 크다.

유대 광야로 가서 뱀과 그리스도 사이의 갈등을 보자. 뱀의 유혹은 중요한 교훈을 준다.

먼저 첫 구절의 의미를 파악해보자. "그 때에 예수께서 성령에게 이끌리어 마귀에게 시험을 받으러 광야로 가사"(마 4:1). 그리스도가 광야로 숨으셨는데 마귀가 그분을 찾아냈다고 생각하는 사람이 많다. 실은 정반대다. 그리스도는 성령에 이끌려서 광야에 가셨고, 그곳에서 마귀와 마주치셨다. 수천 년 동안 그리스도는 마귀가 치는 허풍을 들으셨다. 이제 누가 주인인지를 확인할 때가 되었다. 그리스도는 하나님의 뜻으로 광야에 가셨다. 하나님의 뜻으로 사탄과 싸우셨다. 감사하게도 하나님의 뜻으로 승리하셨다.

하나님은 예수님이 알맹이신 것을 증명하고 시험하기 위해 마귀에게 시험을 받게 하셨다. 목표는 아담이 유혹을 받고 넘어진 부분에서 예수님의 승리를 확증하는 것이다. 사탄은 그리스도를 하늘 아버지와 떼어놓는 기회로 시험을 사용했다. 사탄 자신이 과거에 했던 행동을 그리스도에게 시키겠다는 속셈이었다. 그리스도가 구세주의 자격을 상실하고 궁극적으로 하나님이 사랑하시는 아들의 지위도 상실하

하나님의 사탄

는 것을 보고 싶었다.

예전에 루시퍼와 그리스도는 하늘의 영광 가운데서 종종 만나곤 했다. 죄에 빠진 이후 루시퍼는 그리스도를 천상에서 유혹하는 것이 불가능함을 깨달았다. 그러나 "말씀이 육신이 되었으므로" 사탄은 이때를 놓칠세라 그리스도의 인성을 공격했다. 하나님으로서의 그리스도는 죄를 지을 수 없지만 사람으로서의 그리스도는 죄를 지을지도 모르는 일이었다(사탄의 생각에는 그랬다). 사탄은 아주 뻔뻔하게도 불가능한 일에 도전하기로 했다. 자신을 만드신 그리스도를 상대로 승리를 꿈꾼 것이다.

그리스도는 요단강에서 세례를 받으셨고 천국을 잠시 보았다. 이제는 지옥을 맛볼 차례였다. 불과 얼마 전에 비둘기를 보셨던 예수님은 이제 마귀와 대면하시게 되었다. 예수님이 최고의 영적 경험을 하시자마자 마귀가 공격해왔다.

전략

그리스도는 "모든 일에 우리와 똑같이 시험을 받으신"(히 4:15) 분이었다. 모텔에서 야한 영화를 보거나 소득세를 속이고 싶은 유혹을 받으셨다는 말이 아니다. 우리가 경험하는 모든 영역에서 유혹을 받으셨다는 말이다. 즉 "육신의 정욕과 안목의 정욕과 이생의 자랑"(요일 2:16)이다. 이 구절로 볼 때 우리는 그리스도를 모든 면에서 동일시할 수 있다. 그분이 우리와 상당히 동일해지셨기 때문이다.

1차 시도: 하나님의 뜻에서 멀어지게 함

"네가 만일 하나님의 아들이어든 명하여 이 돌들로 떡덩이가 되게 하라"(마 4:3). "만일…이어든"이라는 말은 "이므로"라고 번역해야 한다. 사탄은 그리스도가 누구신지에 대한 이해에서 정통파의 관점을 갖는다. 그는 그리스도가 하나님의 아들인 것을 알았다. 성경 영감설, 하나님의 실존, 그리스도의 인성에 대한 마귀의 신학은 해당 사실을 부인하는 신학적 자유주의자들보다 훨씬 정확하다. 마귀는 믿고 떨면서도 계속 저항한다. 자신이 아는 사실대로 행동하지 않았다.

돌을 떡으로 바꾸는 일은 그리스도가 하실 수 있는 일이며 이후 직접 행하신 기적이다. 예수님은 몇 달 뒤 갈릴리 해변에서 떡 다섯 개와 물고기 두 마리로 수천 명을 먹이셨다. 그리스도는 긍휼한 마음으로 사람들의 필요를 채우셨으므로 그분이 자신의 필요를 스스로 채우신다고 해서 큰 잘못이 아닐 수 있다.

그러나 아직은 그리스도가 음식을 드실 때가 아니었다. 예수님과 하나님은 금식을 끝낼 때를 구체적으로 정해놓으셨다. 지금 기적을 행하시면 하나님의 계획에 차질이 생길 수 있었다. 언제나처럼 사탄은 적절한 필요를 내세웠으며, 그리스도께 부적절한 방법으로 그 필요를 채우라고 요구했다. 이 유혹의 핵심은 육신의 필요가 영혼의 필요보다 중요함을 증명하는 것이다. 오늘이 내일보다 중요하고, 의무보다 욕망이, 가난보다 능력이 중요하다는 논리다.

하나님의 사탄

유혹에는 교묘한 속성이 있다. 우리에게 제시된 유혹이 본질적으로 사악하다면 거부하기가 그리 어렵지 않다. 유혹에 끌리는 이유는 우리 앞에 펼쳐진 잔치가 매우 좋아 보이기 때문이다. 물론 적절한 때와 장소라면 원래 좋은 것이므로 좋게 보이는 것이 당연하다.

성적 유혹을 생각해보자. 우리의 기본 욕구를 충족한다는 차원에서는 지극히 자연스럽다. 여러 세기 동안 쾌락주의자들은 이렇게 합리화했다. "배가 고프면 밥을 먹듯이 섹스하고 싶으면 상대를 찾아서 하면 된다." 그럼으로써 충족을 원하는 육신의 욕망은 하나님의 뜻과 상관없이 해소된다.

섹스, 음식, 쾌락 등에 대해 하나님은 규칙을 정해놓으셨다. 우리가 좌절하는 모습을 보고 싶으셔서가 아니라 우리가 충족되는 모습을 보고 싶어서 그렇게 하셨다. 우리가 할 일은 겉으로 보기에 그렇지 않더라도 하나님의 방법이 최선이라고 믿는 믿음을 갖는 것이다. 하와의 경우와 마찬가지로 우리가 할 일은 하나님이 금하시면 아무리 좋은 나무도 독약이 될 수 있음을 믿는 것이다.

그리스도는 유혹의 실체를 보셨다. 배가 매우 고팠지만 이렇게 대답하셨다. "기록되었으되 사람이 떡으로만 살 것이 아니요 하나님의 입으로부터 나오는 모든 말씀으로 살 것이라"(4절). 영혼을 만족시키는 양식이 육신을 만족시키는 양식보다 중요하다. 그리스도는 더 높은 권세와 더 높은 목적을 붙드셨다. 마귀가 오류를 가지고 왔을 때 그리스도는 진리로 상대하셨다.

마귀는 자신이 원한 불순종을 얻어내지 못했으나 성부 하나님은 자신이 원하시는 순종을 얻으셨다. 여기에 시험의 목적이 있다. 우리가 하나님께 충성한다는 것을 선포하고 우리의 느낌과 상관없이 하나님의 방법이 최선이라는 믿음을 보일 강력한 기회가 바로 시험이다.

2차 시도: 하나님의 말씀에서 멀어지게 함

다음 시험은 훨씬 교묘하다.

그리스도가 성경을 인용하면 마귀도 인용한다. 사탄은 놀라운 능력으로 그리스도를 들어서 예루살렘으로 데려간다. "이에 마귀가 예수를 거룩한 성으로 데려다가 성전 꼭대기에 세우고"(5절). 물론 마귀는 그리스도의 동의 없이는 그렇게 하지 못했을 것이다. 여기서 말하는 꼭대기가 성전 지붕 꼭대기인지 기드론 골짜기가 내려다보이는 흉벽 꼭대기인지는 분명하지 않다. 어찌 되었든 그리스도는 마귀의 능력으로 그곳에 가셨다.

"네가 만일 하나님의 아들이어든 뛰어내리라 기록되었으되 그가 너를 위하여 그의 사자들을 명하시리니 그들이 손으로 너를 받들어 발이 돌에 부딪치지 않게 하리로다"(마 4:6). 사탄은 시편 91편 11-12절을 인용하여 말한다. 손에 성경책을 들지도 않은 마귀가 마치 말씀을 믿기라도 하는듯 성경을 인용한다.

일부 학자들은 마귀가 말씀을 인용하면서 중요한 부분을 생략했다고 지적한다. 전체 구절은 "그가 너를 위하여 그의 천사들을 명령하사 네 모든 길에서 너를 지키게 하심이라"(시 91:11)이다. 우리가 하나님이 명하신 길을 걸으며 하나님의 뜻 가운데 있기만 하면 하나님이

하나님의 사탄

우리를 지키신다는 진리를 외면한 채 "네 모든 길에서"라는 구절을 생략했다는 주장이다.

일부 학자는 이 부분을 생략했다고 해서 전체 의미가 달라지지는 않는다고 말한다. 마귀는 말씀의 요지를 잘 이해했으며 성경을 인용하여 그리스도께 죄를 지으라고 유혹한 부분이 중요하다는 것이다.

핵심을 기억하자. 마귀는 사악한 동기로 성경을 인용한다. 성경을 인용함으로써 그리스도가 성경을 인용하시지 못하게 하려는 속셈이다. 그리스도의 손에서 성령의 검을 빼앗아 자신의 사악한 목적에 맞게 사용한다. 그는 우리로 하여금 죄를 짓지 않게 하는 하나님의 말씀을 사용하여 그리스도께 죄를 짓게 하려고 한다. 말씀으로 다른 말씀을 뒷받침하기보다는 말씀으로 다른 말씀을 판단하는 태도를 취한다. 성경 구절을 인용해서라도 우리가 죄를 짓게 만들겠다는 의도다.

사탄이 언제나 악한 말을 한다는 것은 사실이 아니다. 그는 하나님의 말씀을 인용하고 교리를 말한다. 그는 종교의 함정을 사용하여 상대를 속이고 조종하기 위해 최대한 진리에 가깝게 접근한다. 어떤 거짓말은 섬뜩할 정도로 진리에 가깝다.

한 남자는 교회에 출석하고 사랑을 베푸는 사람이 되라고 격려하는 음성을 들었다. 그것이 긍정적이고 희망을 주는 메시지기에 그리스도의 음성이라는 생각이 들었다. 그러나 마귀도 좋은 충고를 늘어놓는다. 연합을 말하고, 말씀을 낚아채 인용하며, 선행을 권한다. 순진한 희생자들을 마귀의 통제 아래로 유인하려는 술책이다.

사탄은 예수님이 성경에 근거하여 결정하도록 성경을 인용한 것이 아니다. 성경을 고의로 오용하여 예수님이 말씀을 무시하게 만들려고 유혹한 것이다. 하나님의 신실하심을 확인하기 위해 위험한 일을 시도해보라는 말이 아니다. 위험에 처해 당황하는 것과 일부러 위험을 감수하여 영웅이 되려고 하는 것은 다르다.

뛰어내려라. 하나님이 잡아주실 것이다!

텔레비전에서 어느 설교자가 자신에게 돈을 후원하면 하나님이 부자로 만들어주신다고 열변을 토했다. 그는 자신이 성찬식 때 사용하는 천이 있으면 병이 나으며, 집회에 오면 1년 치의 축복을 받는다고 했다. 터무니없는 마귀 같은 생각이다.

하나님의 말씀을 잘못 해석하고 하나님이 약속한 적 없는 것을 하나님이 우리에게 주신다고 주장하는 소리를 들을 때마다 마귀의 함정에 빠지기 쉽다. 무엇이 최선인지 우리가 잘 안다는 생각으로 우리의 결정을 하나님께 굴복시키지 않을 때 도를 넘게 된다. 말씀을 사용한다고 주장하면서 스스로 말씀을 무효로 만든다.

예수님은 이렇게 응답하셨다. "또 기록되었으되 주 너의 하나님을 시험하지 말라 하였느니라"(마 4:7). 마귀가 아무리 원해도 예수님은 하나님을 시험하실 필요가 없었다. 그분은 하나님의 말씀을 바르게 해석하여 하나님이 언제나 약속을 지키는 분임을 알고 있었기 때문이다. 말씀 한 구절로 다른 말씀을 무효로 만들려는 마귀의 함정을 잘 피하셨다. 이번에도 예수님은 말씀에서 자신의 권위와 능력을 찾으셨다.

예수님이 하나님을 영화롭게 하신 그 믿음에 마귀는 연거푸 패배했

하나님의 사탄

다. 예수님이 2전 전승을 거두셨다. 마귀는 아직 단념하지 않았다.

3차 시도: 십자가에서 멀어지게 함

"마귀가 또 그를 데리고 지극히 높은 산으로 가서 천하만국과 그 영광을 보여 이르되 만일 내게 엎드려 경배하면 이 모든 것을 네게 주리라"(마 4:8-9). 예수님은 다시 한 번 마귀의 능력으로 자리를 옮기셨다. 이번에는 높은 산 정상이다. 마귀는 그에게 천하만국을 보여주었다. 로마 제국의 궁전, 고대 그리스의 예술품, 이집트의 피라미드를 제시했다. 엎드려 경배하면 그 모든 나라가 예수님의 소유가 될 수 있었다.

예수님이 장차 세상을 다스리실 것을 알고 있는 사탄은 예수님께 지름길을 제시했다. 십자가를 우회하면 별 고통 없이 왕위를 차지할 수 있다는 말이었다. "이 세상 임금"이 하늘의 하나님께 왕국을 제안하는 셈이다. 강탈자 마귀가 주인에게 계약을 제시하는 모양새다.

마귀가 예수님께 이런 제안을 할 권한이 있는지를 두고 신학자들의 의견이 분분하다. 일부에서는 세상은 하나님께 속했고, 마귀는 세상을 소유한 척할 뿐이라고 주장한다. 마귀가 마음대로 줄 수 있는 것이 아니라는 말이다. 세상에 대한 그의 권리 증서는 가짜다.

일부는 하나님이 세상과 그에 속한 만물의 주인이지만 세상에 대한 리더십을 사탄에게 위임하셨다고 주장한다. 하나님이 사탄의 손에 넘겨주셨기 때문에 사탄은 그것을 넘겨줄 권리가 있다고 생각할지도 모른다. 어찌 되었든 예수님은 사탄이 그런 제안을 할 권한이 있는지에 대해 반론을 제기하지 않으셨다.

그것은 어이가 없을 정도로 대범한 제안이었다. 하늘에서 한때 그리스도를 경배했으나 이제는 사탄이 된 루시퍼는 세상에 내려온 그리스도에게 자신을 경배하라고 한다. 그는 그리스도가 하늘과 땅의 정당한 왕이라는 것을 알고 있었다. 오랜 세월 그들이 얼마나 자주 만나고 친하게 지냈는지도 기억했다. 그러나 상황이 역전되었다. 순간의 영광에 목마른 사탄은 도박을 시도했다. 인간인 그리스도가 순응하든지 사탄이 다시 한 번 패배를 인정하든지 둘 중 하나였다.

베드로가 예수님께 예루살렘에 가지 말라고 하자 예수님이 그를 꾸짖으신 이유가 이제야 조금 더 이해된다. 베드로는 예수님의 책망에 당황했을 것이다. "사탄아 내 뒤로 물러 가라 너는 나를 넘어지게 하는 자로다 네가 하나님의 일을 생각하지 아니하고 도리어 사람의 일을 생각하는도다"(마 16:23). 베드로는 그리스도의 부활을 가로막음으로써 자신의 영원한 파멸을 확정지을 수 있다는 사실을 꿈에도 몰랐다. 그리스도가 죽임당하지 않으셨다면 베드로는 물론이고 우리도 구원받지 못했을 것이다.

그리스도는 하나님의 뜻을 외면할 생각이 없었기 때문에 이렇게 대답하셨다. "사탄아 물러가라 기록되었으되 주 너의 하나님께 경배하고 다만 그를 섬기라 하였느니라"(마 4:10). 사탄이 그토록 갈망했던 일은 결국 성취되지 않았다. 자신이 경배를 받았다면 그리스도의 순종을 얻어낼 수 있었을 것이다. 그러나 경배를 받지 못했으므로 경배를 받은 것처럼 행동할 수밖에 없다. 현실이 아니라 환상으로 만족해야 하는 운명인 것이다.

사탄은 더는 십자가를 피하라고 그리스도를 유혹할 수 없다. 대신 우리에게 십자가를 비하하도록 유혹한다. 용서받으려면 속죄의 행위를 해야 한다는 생각은 십자가의 가치를 떨어뜨린다. 우리가 그토록 자주 죄책감에 시달리는 이유는 예수님이 우리의 모든 죄를 위해 돌아가셨다는 사실을 망각하기 때문이다.

우리가 너무 큰 죄를 지어서 하나님이 용서하시지 않을 거라는 생각도 십자가의 의미를 축소하는 것이다. 자신이 '용서받을 수 없는 죄'를 저질렀다고 생각하는 사람이 많다. 그런데 정작 그런 죄를 저질렀다면 오히려 그렇게 괴로워하지 않을 것이다.

미국이 당하는 재난에 대한 해법을 십자가의 능력이 아니라 정치와 도덕 개혁에서 찾으려 할 때도 십자가가 축소된다. 인간과 하나님을 화해하게 하는 유일한 해법은 십사가나.

우리가 십자가를 축소할 때마다 사탄은 목표로 했던 임무를 완수한다. 그는 십자가 없는 왕관, 대속물 없는 구원이 가능하다는 생각을 우리에게 심으려고 노력한다. 하나님의 뜻과 세상 나라 사이의 갈등은 지금도 계속되고 있다.

그리스도는 하나님의 시험을 통과하셨으나 마귀는 실패했다. 그리스도가 하늘 아버지의 방법으로 나라를 물려받겠다는 의지를 결연히 표명한 덕분에 하나님이 높임을 받으셨다. 사탄은 또다시 패배자의 역할에 갇혀서 불명예를 입었다. 이후 천사들이 와서 그리스도를 섬겼다. 이로써 전투는 끝났으나 마귀는 "얼마 동안"(눅 4:13) 떠났다가 다시 돌아올 것이다.

그리스도의 승리

오늘날 사탄과 그리스도는 더는 유대 광야에서 만날 일이 없다. 그리스도는 교회의 머리로서 하늘 아버지 오른편에 앉아계신다. 예수님은 "다윗의 열쇠"를 갖고 계시며, "거룩하고 진실하사 다윗의 열쇠를 가지신 이 곧 열면 닫을 사람이 없고 닫으면 열 사람이 없는 이"(계 3:7)라고 자신을 설명하신다. 열쇠는 권세를 의미한다. 예수님의 권세는 의심의 여지 없는 주권적 권세다.

시카고에 있는 우리 교회의 관리 담당자는 직원들에게 다양한 열쇠를 준다. 건물 출입만 가능한 열쇠가 있고 사무 공간 출입이 가능한 열쇠가 있다. 또한 건물과 사무 공간과 기타 구역까지 출입이 가능한 열쇠가 있다. 마지막으로 창고와 밀실을 포함하여 건물 안 모든 문을 열 수 있는 마스터키가 있다.

예수님은 온 우주에 대한 마스터키를 가지고 계시다. 지구에서 예수님이 열지 못하실 곳은 없다. 어떤 나라를 두고 그곳을 '복음이 가로막힌' 곳이라고 말한다면 예수님을 무시하는 것이다. 저항이 워낙 거세서 복음이 이길 수 없다는 생각 역시 세상에 대한 그분의 권위를 깎아내리는 것이다. 예수님은 모든 가족, 모든 마음에 대한 열쇠를 갖고 계신다. 우리가 겪는 고통 그리고 마귀와 벌이는 싸움에 대한 열쇠도 갖고 계신다.

한 사역자에게 '중서부 밀교의 수도'로 불리는 도시에 대해 들었다. 마녀 집회나 사탄 숭배 의식, 악마의 조종을 받는 사람들이 다른 지역

하나님의 사탄

보다 월등히 많은 곳이다. '목사의 묘지'라는 명성대로 그의 교회는 힘겨운 상황에 처해 있었다. 방화범들이 교회에 불을 질렀고, 성도들이 괴롭힘을 당했다.

극심한 저항으로 힘들겠지만 그에게 들려줄 좋은 소식이 있다. 사탄 숭배자들의 소굴 옆에 있었는데도 그리스도가 직접 개입하심으로 크게 성장한 교회가 하나 있다. 소아시아 해안에 위치했던 빌라델비아 교회다.

다윗의 열쇠를 가지신 예수님은 빌라델비아 교회에 말씀하셨다. "볼지어다 내가 네 앞에 열린 문을 두었으되 능히 닫을 사람이 없으리라…보라 사탄의 회당 곧 자칭 유대인이라 하나 그렇지 아니하고 거짓말 하는 자들 중에서 몇을 네게 주어 그들로 와서 네 발 앞에 절하게 하고 내가 너를 사랑하는 줄을 알게 하리라"(계 3:8-9). 사탄에게 회당에 대한 열쇠가 있다고 생각하기가 쉽다. 그의 권세와 능력이 회당을 지배하고 있었기 때문이다. 그러나 그리스도는 마귀를 능가하시며 이 유대인들이 신자가 될 거라고 장담하셨다. 사탄의 추종자들이 그리스도를 따르게 되는 것이다.

사탄은 이 회당에 대한 열쇠를 들고 어느 정도까지는 개입한다. 그러나 마스터키는 그리스도께 있다. 사탄은 자신이 문을 열고 닫을 수 있는 것처럼 사람들을 속이면서 열쇠가 있는 척한다. 사실 그는 둘 다 못한다. 문을 열지도 닫지도 못한다. 그러나 그리스도는 본인이 원하면 하실 수 있다. 우리의 주 그리스도가 여신 문은 아무도 닫지 못하며, 사탄의 회당에 있는 사람 중 일부는 그리스도의 발 앞에 절할 것이다. 사탄은 영혼을 움켜쥐었던 손이 풀린 채 그리스도의 승리를 목격하며 훌쩍일 것이다.

그리스도만이 하늘과 땅의 열쇠, 모로코와 일본의 열쇠, 독일과 프랑스의 열쇠를 갖고 계신다. 그리스도만이 '중서부 밀교의 수도'에 대한 열쇠를 갖고 계신다. 그리스도가 문을 열기로 작정하시면 아무도 닫을 수 없다. 또 문을 닫기로 작정하시면 아무도 열지 못한다. 바울의 말처럼 예수님이 문을 여시면 많은 대적이 등장할 것이다(고전 16:9). 사탄은 그가 거느리는 모든 악한 마귀와 함께 만유의 열쇠를 손에 쥐고 계신 그리스도께 겸손히 굴복해야 한다.

문이 닫혔다면 이유는 모르지만 그리스도가 닫으신 것이라고 담대히 선포하자. 그리스도가 열지 못하시는 문이 없다는 사실도 담대히 선포하자. 바울은 감옥에 있을 때 고린도 교인들에게 자신을 위해 기도하라면서 "하나님이 전도할 문을 우리에게 열어 주사 그리스도의 비밀을 말하게 하시기를 구하라 내가 이 일 때문에 매임을 당하였노라"(골 4:3)고 했다. 우리 앞에 닫힌 문이 있는 이유는 우리의 믿음과 인내를 시험하기 위해서다. 만일 사탄에게 문을 닫아두는 능력이 있다면 우리가 문이 열리기를 아무리 갈망하고 기도해도 소용없을 것이다. 마귀가 우리에게 원하는 것은 무엇인가?

하나님은 우리 삶에서 무슨 일이 일어나기를 바라시는가?

하나님의 사탄

사탄의 목적/하나님의 목적

우리에게는 저마다 광야가 있다. 야고보는 우리가 시험을 받는 것은 자기 욕심에 끌려 미혹되기 때문이라면서 "욕심이 잉태한즉 죄를 낳고 죄가 장성한즉 사망을 낳느니라"(약 1:15)고 했다. 우리에게 주어진 과제는 우리가 옳다고 아는 것을 행하는 것이다. 하나님이 말씀하신 대로 죄는 나쁜 것이라고 믿는 것이다. 사탄은 그 모든 매력적인 힘에도 불구하고 결국 우리를 속인다.

사탄은 무엇을 원하는가?

악마의 시험은 종종 극단적인 형태를 띤다. 험한 광야의 시간을 지나고 있는 여성에게 받은 편지를 소개한다. 그녀는 부자비하고 끈질기게 공격을 받았다.

> 그리스도인이 된 지 10년이 된 저는 그동안 극심한 마귀의 공격에 시달려왔습니다. 신비주의에 가담한 적이 있어서 저는 영적으로 매우 민감합니다. 악한 영들은 하루 종일 음담패설과 희롱으로 저를 괴롭혔습니다. 제 눈에는 그들이 분명히 보였지만 남편은 볼 수 없었어요. 성적인 공격, 두려움, 불면증이 끊이지 않았습니다.
>
> 저는 점점 화가 났어요. 심지어 하나님께도 화가 납니다. 그리스도인이 된 저에게 왜 이토록 힘겨운 시험을 겪게 하시는지 도

무지 이해가 안 됩니다. 제가 무지막지한 죄를 지어서 그런가
도 싶지만 그건 아닙니다. 하나님이 시험에 대처할 은혜를 주
시지만 점점 힘이 빠집니다.

사탄을 주제로 글을 쓰거나 설교하는 사람은 원수에게 사로잡힌
사람들의 가슴 찢어지는 이야기를 많이 듣는다. 마귀는 우리를 매우
잘 알기 때문에 우리에게 딱 맞는 맞춤형 공격을 펼친다. 우리의 연약
함을 공략하여 집요하게 유혹한다. 마귀가 주는 고통으로 시달리는
사람들이 많다.

위의 여성이 겪고 있는 고통스러운 상황을 자세히 분석하지는 않겠
지만 편지에서 몇 가지 짚어볼 부분이 있다.

첫째, 사탄은 여성을 하나님에게서 멀어지게 하려고 노력한다. 하
나님이 그녀의 필요를 충족해줄 수 없고, 그녀의 상황에 관심이 없다
고 속삭인다. 하나님이 돌봐주시지 않는다면 스스로 챙겨야 한다.
강도인 사탄은 그녀에게 와서 기쁨을 훔친다.

둘째, 사탄은 여성의 삶을 지배하고 통제하려고 노력한다. 마귀의
제안을 받아들이면 불순종 때문에 더욱 극심한 압박감에 시달린다.
뱀은 그녀의 삶에 동반자이자 구혼자가 되고 싶어 한다. 그는 삶의
방향을 바꾸는 것이 불가능해 보이게 한다. 마귀가 가장 집요하게 사
용하는 무기는 절망이다.

셋째, 사탄은 은연중에 여성의 간증을 손상시켜서 자녀를 돌보지
않는 하나님의 무능력을 증명하려 든다. 다윗이 살인과 간음을 저질

하나님의 사탄

렀을 때 여호와는 그가 저지른 일로 말미암아 "여호와의 원수가 크게 비방할 거리를 얻었다"(삼하 12:14)고 하셨다. 하나님의 백성은 사탄이 가장 탐내는 트로피다. 그는 하나님이 천국에서 영원히 그들과 함께 계심을 알고 있다. 하나님의 백성을 괴롭힐 유일한 기회는 바로 지금뿐이다. 그는 여성을 깎아내리는 참소하는 자다.

마지막으로 사탄은 하나님이 해주시지 않는 것처럼 보이는 일을 자신에게 요청하게 만들려고 한다. 고통의 끝이 보이지 않는 상황이 되면 하나님에게서 등을 돌리기가 쉽다.

사탄은 여성을 지치게 만들어 그녀가 절망 속에 무너지기를 바랐다. 편지는 그녀가 느끼는 절망감으로 가득하다. 기나긴 고통으로 하나님에게 분노한 상태다. 믿음이 없으면 싸움을 이길 수 없기 때문에 원수는 우리를 지치게 만들고 싸워보아야 소용없다는 생각을 심는다. 절망은 우리 마음에서 믿음을 빼앗는다. 바로 사탄이 노리는 점이다.

하나님은 무엇을 원하시는가?

사탄에게 시달리는 사람들을 위한 쉬운 해결책은 없지만 분명 해결책은 있다. 만일 당신이 지금 시험을 받고 있다면 하나님이 원하시는 것이 무엇인지 생각해야 한다.

사탄은 우리를 짓이기고 싶어 하지만 하나님은 우리를 정결하게 하기 원하신다. 하나님은 우리의 충성심을 원하신다. 우리는 하나님을 위해 힘든 선택을 내릴 마음도 없이 우리 마음과 생각과 영혼을 다해 하나님을 사랑한다고 말할 수 없다. 우리 몸과 영혼의 모든 열정이 "아니!"라고 외칠지라도 하나님께 "예"라고 해야만 하나님을 향한 사랑을 증명할 수 있다.

하나님 말씀의 진리가 사탄이 하는 거짓말의 오류보다 훨씬 강력하다고 믿을 때 하나님이 영광을 받으신다. 하나님은 세상이 주는 것보다 더 많은 행복이 하나님 안에 있다는 그분 말씀을 실제로 믿는 사람을 원하신다. 싸움이 매우 치열할 때도 하나님을 믿는 사람에게 복이 있다.

하나님의 두 번째 목적은 자신을 우리에게 보이시고 새로운 사랑과 이해 안에서 우리에게 오시는 것이다. 천사들이 그리스도를 섬겼듯이 하나님이 우리를 위해 일하시면 마귀와의 대면에서 승리할 수 있다. 우리가 사탄이 우리를 지배하고 싶어 하는 능력을 그에게 다시 주지 않도록 하나님은 우리에게 자신의 위대함과 영광에 대한 확신을 주신다.

아브라함은 이삭을 제물로 바치라는, 그의 생애에서 가장 고통스러운 시험에 처했다. 하나님 약속의 성취를 위해 그리고 하나님이 원하시면 이삭이 죽었다가 살아날 수도 있다는 믿음으로 아브라함은 시험을 통과했다. 아브라함은 산을 떠나면서 그 땅 이름을 '여호와 이레'라고 불렀다. '여호와가 예비하신다'는 뜻이다. 아브라함의 영혼에는 하나님에 대한 새로운 생각이 밀려들어왔다. 그는 이전과 다르게 경배하고 다르게 섬기며 결국 다르게 죽을 것이다. 산에서 내려온 아브라함은 산에 오를 때와 전혀 다른 사람이 되었다. 그는 시험을

하나님의 사탄

잘 이긴 덕분에 시험을 통하여 변화되었다.

위에 소개한 편지로 돌아가보자. 하나님이 그 여성의 그리스도인 친구들에게 하셨을 법한 말씀을 간과하지 마라. 바울이 에베소 교인들에게 "모든 것 위에 믿음의 방패를 가지고 이로써 능히 악한 자의 모든 불화살을 소멸하라"(엡 6:16)고 할 때 그는 방패의 중요성을 알았다. 그 당시 방패는 경사가 있고 끝부분이 서로 맞물리게 되어 있었다. 전쟁터에서 군대가 방패를 들고 진군하면 마치 긴 성벽이 적진으로 움직이는 모양이 연출되었다.

어떤 전투는 우리 혼자 싸우지 못한다. 그래서 바울은 "눈이 손더러 내가 너를 쓸 데가 없다 하거나 또한 머리가 발더러 내가 너를 쓸 데가 없다 하지 못하리라"(고전 12:21)고 했다. 때로는 그리스도의 몸이 하나로 뭉쳐서 연약한 지체를 지지해주어야 한다. 사탄이 편지의 여성을 무너뜨리려고 한다면 몸인 교회가 중보 기도와 말씀과 상담으로 사탄을 좌절시켜야 한다.

우리는 싸움에 지친 사람들과 함께 가야 한다. 기도할 힘이 없을 때는 사람들에게 기도를 부탁하라. 하나님은 우리가 이길 때만이 아니라 우리가 싸울 때나 일시적으로 패할 때도 여전히 신실하시다. 마귀가 하나님의 감독 아래 있음을 기억하면 싸움이 치열할 때에도 그 길로 인도하시는 하나님의 목적이 있다는 믿음이 생긴다.

사탄의 동기가 무엇이든 자기 자녀를 향한 하나님의 목적은 언제나 선하시다. 하나님이 영광을 받으시기 위해 우리가 즉시 해방되어야 하는 것은 아니다. 하나님은 감당하지 못할 시험은 주시지 않는다는 사실만 신뢰하라. 우리는 하나님의 신실한 돌보심 아래서 고통받는 것이다.

사탄의 지속적인 공격으로 고통당하는 사람들에게 우리는 이렇게 말해야 한다. "사람이 감당할 시험밖에는 너희가 당한 것이 없나니 오직 하나님은 미쁘사 너희가 감당하지 못할 시험 당함을 허락하지 아니하시고 시험 당할 즈음에 또한 피할 길을 내사 너희로 능히 감당하게 하시느니라"(고전 10:13). 우리가 겪는 고통을 누군가는 잘 견디고 승리했을 수도 있다. 새로운 시험은 새로운 사람이 받는 과거의 시험이다.

하나님은 우리가 시험에서 자유로울 때보다 시험을 받고 있을 때 종종 더 많은 것을 가르쳐주신다. 마귀의 속삭임이 들릴 때 하나님을 바라보는 사람은 복이 있다. 하나님이 정해놓으신 시간표가 있음을 기억하고 마귀가 물러날 때까지 결코 자족하지 마라.

당연히 보여야 할 하나님의 선하심이 보이지 않을 때도 하나님이 선하시다고 믿는 사람은 복된 사람이다. 매우 오랫동안 사탄에게 공격받았던 사람이 다음과 같은 격려의 말을 남겼다.

> 그러나 내가 가는 길을 그가 아시나니 그가 나를 단련하신 후
> 에는 내가 순금 같이 되어 나오리라 내 발이 그의 걸음을 바로
> 따랐으며 내가 그의 길을 지켜 치우치지 아니하였고 내가 그의
> 입술의 명령을 어기지 아니하고 정한 음식보다 그의 입의 말씀
> 을 귀히 여겼도다(욥 23:10-12).

하나님의 사탄

하나님이 원하시는 목표를 얻으신다면 어떤 시험도 헛수고가 아니다. 하나님은 패배가 분명해 보일 때도 승리하시고, 사탄은 승리가 분명해 보일 때도 패배한다.

9

뱀에게 닫힌 문

09
뱀에게 닫힌 문

사기꾼은 이런 식으로 작업한다. 그는 가능성 있는 고객에게 벤처 회사에 몇백 달러를 투자하면 수개월 안에 두 배를 거둘 수 있다고 설득한다. 고객은 미심쩍어하면서도 워낙 설명이 그럴듯해서 돈을 조금 투자하기로 한다. 설령 그 돈을 모두 잃을지라도 몇백 달러 정도는 괜찮다.

몇 달 뒤 사기꾼은 약속한 대로 투자액의 두 배가 찍힌 수표를 들고 찾아온다. 거창한 말이 더욱 그럴듯해 보인다.

한 달 뒤 사기꾼이 찾아와 다시 비슷한 제안을 한다. 이번에는 투자액이 수천 달러로 늘어난다. 이번에도 투자자는 상당한 수익을 돌려받는다.

이런 거래가 몇 번 이어진다. 중개인에 대한 신뢰가 쌓일수록 투자액이 크게 증가한다.

앞선 투자들에 만족한 그는 큰 수익을 약속받고 5만 달러를 건넨다. 중개인은 곧 자취를 감춘다.

전문 사기꾼들은 누군가를 속일 때 다음과 같은 규칙 안에서 행동한다.

1. 장기 목표는 상대를 노예로 만드는 것임을 명심한다.
2. 고객과 신뢰를 쌓는다. 의심이나 공포를 불러일으키는 일은 금물이다.
3. 고객을 유인할 미끼를 사용하되 갈고리를 교묘히 숨긴다.
4. 상품이 주는 혜택을 설명하면서 최대한 다양한 약속을 제시한다.
5. 사람들의 관심사는 다양하므로 여러 유인책을 사용한다. 통제와 함정이라는 최종 목표로 이어진 문은 무수히 많다.

사탄은 열방을 속이기 위한 종합 계획을 세워놓았다. 우리가 하나님에 대한 충성을 번복하게 하려고 하나님을 재정의하도록 유도한다. 그는 우리가 살아계신 참 하나님이 아니라 자신을 경배하기를 바란다.

우리 삶에 대해 사탄도 나름의 계획을 갖고 있다. 그가 세운 전체 계획에는 우리 자리도 있다. 그는 최소한 잠깐이라도 자신을 따르게 만들 수 있다고 믿는다. 그래서 언젠가는 싹이 트기를 바라는 마음으로 씨앗을 심고 적절한 순간을 기다리면서 시야에서 멀찌감치 떨어져

하나님의 사탄

있다. 그는 혐오스러운 존재기 때문에 다양한 이름과 모습으로 변장하여 접근한다.

그리스도는 우리 모두에게, 적어도 아이들에게는, 수호천사가 있다고 하셨다(마 18:10). 하나님의 참된 나라를 흉내 내어 자신의 나라를 세운 사탄이 보낸 졸개 마귀는 우리를 지켜보며 죄로 유인할 기회를 호시탐탐 노린다. 그는 우리가 파멸되기를 원한다.

제2차 세계대전에 참전하여 유럽에서 싸운 연합군 대부분이 히틀러를 직접 대면하지는 못하고 그의 부하들만 만난 것처럼 우리도 사탄을 직접 대면하는 일은 드물다. 그

> **그는
> 죄를 보암직하게
> 만든다.**

는 동시에 두 장소에 있지 못하므로 전략적으로 가장 중요한 전투지에 머물 가능성이 크다. 그의 부하들은 세계 전역으로 흩어진다. 악한 영들은 지식과 능력이 다양하다. 그들은 사탄의 명령에 복종하는 용병으로 징집된 군대로서 조직력이 대단하며, 만일 불순종하면 잔인한 폭군에게 즉시 처벌받는다.

그들은 우리의 비밀 생활, 사람들이 모르는 우리의 태도와 행동에 특히 관심이 많다. 악한 영들은 신자들의 생각을 읽지 못할 가능성이 크다. 그래서 우리가 하는 행동을 유심히 관찰한다. 우리가 보는 텔레비전 프로그램이나 책이 무엇인지 눈여겨본다. 무엇보다 우리가 하는 말에 주목한다. 말은 유혹할 틈새를 풍성하게 제공한다.

사냥꾼은 그가 사냥하려는 동물의 습성을 파악하기 위해 그 동물이 좋아하는 것과 싫어하는 것 그리고 습관과 환경을 유심히 관찰한다. 사냥꾼은 매력적으로 보이지만 치명적인 덫이 숨겨진 상황으로 동물을 유인한다. 사냥꾼 대신 덫이 일한다. 사냥꾼은 현장에 있지 않고도 무방비 상태의 곰을 잡는다.

쥐를 잡을 때는 치즈를 사용한다. 곰은 신선한 고깃덩어리에 끌린다. 물고기는 지렁이로 유인한다. 핵심은 사냥감이 원하는 것으로 유인하여 사냥꾼이 원하는 바를 얻는 것이다.

사탄은 우리를 파멸시키려고 치밀하게 계획을 세운다. 신중하게 설치한 덫을 우리가 밟느냐가 관건이다. 우리는 어디에 함정이 있는지 모르고 찾기도 어렵지만 함정은 분명히 있다.

그가 우리를 얼마나 속속들이 알고 있고, 우리가 그리스도께 불명예스러운 일을 저지를 때 그가 얼마나 사악하게 기뻐할지를 생각한다면 사탄과 우리를 노리는 그의 함정을 파악하기 위해 우리는 성경을 샅샅이 보아야 한다.

세 가지 사실을 기억하라.

첫째, 사탄은 매우 화가 나 있다. 그는 하나님이 싸움에서 승리하신다는 사실 때문에 하나님께 화가 났다. 지극히 높은 자가 되고 싶어도 결코 그럴 수 없다는 사실에 화가 난다. 모든 인류가 자기 편에 서서 함께 반역하기를 바라는 그는 우리를 향한 하나님의 넉넉함에 화가 치민다. 그로서는 우리에 대한 공격만이 하나님께 복수하는 길이다. 우리에게서 그리스도의 형상을 매번 보는 것도 화가 난다.

하나님의 사탄

둘째, 사탄은 죄를 보기 좋게 만든다. 다양한 방식으로 유혹하는 사탄은 우리에게 불순종의 결과를 스스로 감당할 수 있다는 자신감을 불어넣는다. 예상하지 못한 결과가 있다는 사실은 결코 알려주지 않는다.

셋째, 그는 육신의 죄를 통해 일한다. 그는 우리가 씨름하고 있는 죄를 이용하여 자신의 힘을 키운다. 그의 목표는 우리 삶에 더 많은 영향력을 발휘하는 것이다. 그리스도가 비방을 받아야 한다. 우리가 넘어져 불명예스러운 삶을 사는 것도 좋다. 양심의 가책이 없기 때문에 수단과 방법을 가리지 않고 우리를 공격한다. 품위 따위를 고민할 처지가 아니다.

그는 우리에게서 무엇을 원하는가? 우리 삶을 마음대로 휘두를 수 있는 권한이다. 그는 어떻게든 우리를 조종하려 한다.

통제의 과정

유혹

통제의 첫 단계는 유혹이다. 사탄과 그의 졸개들은 우리 머릿속에 우리가 한 것으로 여겨지는 생각을 주입한다. 그래야 정체를 숨기고 우리를 죄로 유도할 수 있다. 죄는 우리에게 매력적으로 보이지만 마귀는 매력적이지 않으므로 매우 영리한 전략이다.

어느 날 한 부부가 땅을 팔고 난 수익금 일부를 교회에 가져왔다.

그때까지만 해도 괜찮았다. 그러나 부부는 수익금 전부를 교회에 기부하는 것처럼 보이기로 합의했다. 우리가 그렇듯이 그들은 실제보다 괜찮은 그리스도인으로 보이고 싶었다. 사도 베드로는 그들을 책망하며 남편에게 질문했다. "아나니아야 어찌하여 사탄이 네 마음에 가득하여 네가 성령을 속이고 땅 값 얼마를 감추었느냐"(행 5:3). 이 죄로 인해 남자는 하나님의 손에 즉시 죽었고, 곧이어 부인도 같은 운명을 맞이했다.

악한 영이 그들의 생각에 위선적인 거짓말을 심었다는 사실을 알면 그들은 깜짝 놀랄 것이다. 그들은 그 생각이 스스로 한 일이라고 여겼다. 그러나 악한 영이 심은 생각이다.

사탄은 생각을 읽지는 못해도 다른 생각을 집어넣을 수는 있다. 생각은 물리적 실체가 아니라 영적이다. "내 생각은 길이가 0.3센티미터, 무게가 50그램 정도다"는 말은 성립하지 않는다. 생각은 영적으로만 접근이 가능한 영역이다. 의식의 확장이나 초월적 명상을 추구하는 사람들이 마귀와 접촉하는 이유가 거기에 있다. 영적인 존재인 우리는 영적인 세계와 연결될 수 있다.

여기서 핵심은 사탄이 우리에게 생각을 심어서 우리를 유혹한다는 것이다. 물론 생각을 행동으로 옮기는 것은 전적으로 우리 선택이다. 아나니아와 삽비라는 생각을 행동으로 옮긴 대가를 치렀다.

강박

두 번째 단계는 억압과 강박이다. 한 그리스도인 여성은 몇 개월 전부

하나님의 사탄

터 끔찍한 생각에 시달렸다. 태어난 지 겨우 몇 개월 된 손자를 죽이려고 자신이 칼을 드는 모습이 보였다. 이 끔찍한 생각이 머리에서 사라지지 않았다.

자기 아이들을 키울 때는 그런 생각이 전혀 들지 않았는데 최근 들어 분명한 이유 없이 무시무시한 생각이 들어 손자와 단둘이 있기가 두려웠다. 망상을 행동에 옮길까 봐 무서웠다.

여성이 스스로 떠올린 생각일까? 내 생각에는 아니다. 사랑 많은 그리스도인이 어떻게 그토록 아끼는 손자를 죽일 생각을 하겠는가? 어떤 이유에서든 그녀를 괴롭히기 위해 찾아온 악한 영이 심은 것임이 분명하다.

부인에게 그것은 본인의 생각이 아니라고 말해주었더니 두 가지 이유에서 안심했다. 첫째, 악한 생각이 떠오른 뒤로 자신이 악한 여자라고 생각했는데 그게 아니라니 다행이었다. 둘째, 헛된 망상이 자신에게 힘을 발휘할 수 없다는 사실을 알게 되어 다행이었다. 마귀가 악한 생각을 심을 수는 있으나 행동을 강요할 수는 없다. 부인이 알든 모르든 통제권은 그녀에게 있다. 악한 생각을 따를 필요가 없다는 확신을 가지고 그리스도의 이름으로 악한 생각을 꾸짖으면 된다. 예수님이 그녀 편이다.

성적인 유혹이 가장 일반적이다. 우리는 사실 사탄과 마귀가 없어도 여러 유혹을 받는다. 우리는 본질상 악한 정욕과 탐욕을 가진 타락한 존재다. 그러나 우리 자신을 죄에 내어주면 사탄에게 발판을 내주어 그에게 자기 영토라고 주장할 근거를 주게 된다. 추악하고 변태적인 성적 환상에 시달리는 사람들을 상담해보면 교회에서 찬양하거나 기도할 때에도 그런 생각이 떠오른다고 한다. 이런 강박은 다른 생각을 압도한다. 사탄은 계속해서 올가미를 바싹 조인다.

귀신들림

세 번째 단계는 귀신들림이다. 마가복음 5장이 이 단계의 특징을 잘 보여준다. 마귀는 한 사람을 괴롭힐 뿐만 아니라 그의 몸에 실제로 거주한다. 귀신에 사로잡혀 혼자 지내야 하고 온몸이 상처투성이인 마가복음 5장의 남성을 보니 측은해진다. 그가 돌로 자기 몸을 해치고 있던 이유도 자살하기 위해서였는지 모른다. 예수님이 끔찍한 세력에게서 남자를 해방해주시자 그는 옷을 입고 정신이 온전해진다.

그리스도인도 귀신들릴 수 있을까? 오늘날에도 논란이 많은 주제기에 정확한 대답은 어렵다. 우선 표현의 문제가 있다. 모두가 알다시피 성령이 계시기 때문에 마귀는 그리스도인을 소유하거나 그 안에 직접 거할 수 없으며 그리스도인을 사로잡을 수 없다. 그러나 일부에서는 그리스도인도 귀신들릴 수 있다고 주장한다. 몸 안 깊은 곳에 악마가 개입할 수 있다는 것이다. 억압과 귀신들림을 정확히 구분하기에는 인간의 심령에 대한 우리의 지식이 부족하다.

그러나 그리스도인의 성대가 악한 영에게 장악되는 경우는 분명히 있다(신약을 보면 이것은 귀신들리지 않아도 가능하다). 나는 악한 영의 깊은 억압 아래에서 그리스도인의 입을 통해 말하는 악한 영을 만나보았다. 나보다 지식이 많은 상담가도 동일한 경험을 해보았다고 말한다.

어쩌면 우리가 아는 것보다 마귀는 그리스도인에게 더 많은 통제권을 갖고 있는지도 모른다. 그러나 사탄에게 그가 받아야 하는 수준 이상의 근거를 내어주지 않으려면 사탄의 능력과 하나님의 능력을 항상 비교해야 한다. 이렇게 선포하라. "자녀들아 너희는 하나님께 속하였고 또 그들을 이기었나니 이는 너희 안에 계신 이가 세상에 있는 자보다 크심이라"(요일 4:4).

사탄은 하나님께 종속되었으나 하나님은 그에게 유혹의 시험을 통해 우리를 차지할 권한을 주셨다. 평범한 일상의 시험도 유혹의 수단이 될 수 있다는 사실은 아무리 강조해도 지나치지 않다. 우리 앞에 놓인 위험에 항상 깨어 있어야 한다.

일곱 가지 통로

앞에서 본 욥의 경우에는 하나님이 싸울 곳을 정하셨다. 베드로의 경우에는 사탄이 종종 싸울 곳을 정했다. 때로는 우리가 싸움 장소를 정하기도 하는데 이런 경우 언제나 우리에게 피해가 크다.

우리가 마귀에게 들어올 틈을 열어주는 통로는 다양하다. 우리가 문을 연다고 해서 사탄이 바로 들어와 우리 안에 거주하는 것은 아니지만, 그 문을 통해 마귀는 견고한 진을 세우고 우리가 저지르는 일정한 패턴의 죄를 통해 지속적으로 영향을 끼친다. 일단 문이 한번 열리면 그곳으로 계속 찾아와 문을 두드린다.

여기에 소개한 통로 외에도 다양하지만 분별하기 쉬운 관문들을 몇 가지 소개하려 한다. 이 문들을 어떻게 닫고, 또 계속 닫은 채로 유지할 수 있는지 알아보자.

반역/자기의지

인류 최초의 죄가 반역이기 때문에 이 죄가 모든 죄 목록에서 맨 위를 차지한다. 아무리 사랑으로 대해도 부모의 권위에 반항하는 자녀, 그리스도와 교회의 리더십에 순종하기를 거부하는 성도 등 여러 종류의 반역은 마귀가 좋아하는 일이다. "나만 잘되면 돼"라는 생각은 사람의 머리에서 나온 것이 아니라 하나님의 뜻 대신 자신의 뜻을 선택한 루시퍼가 처음 한 생각이다.

반역은 점술의 죄와 같고, 불복종은 우상숭배와 같다(삼상 15:23). 반항심으로 하는 마약, 하드록 음악, 폭력은 언제나 마귀의 조종을 따른다. 하나님과 그분의 백성을 멀리하는 반항적인 행위나 무관심도 마찬가지다. 하나님께 아무리 점잖게 거절한다고 해도 하나님께 온전한 지배권을 드리지 않는다면 반역하는 것이다.

모든 죄의 뿌리에 있는 아집에 대해서는 다음 장에서 살펴보기로 하자. 일단은 사람의 반역이 사탄의 반역만큼 하나님이 혐오하시는 일이라는 사실만 기억하자. 반역은 '패역의 왕자'를 따르는 행위다.

분노

악한 영의 행동이라는 증거 가운데 논리로 설명이 안 되는 통제 불능의 분노가 있다. 화낼 이유가 거의 또는 전혀 없는데도 화를 내는 경우가 있다. 바울은 "분을 내어도 죄를 짓지 말며 해가 지도록 분을 품지 말고 마귀에게 틈[기회]을 주지 말라"(엡 4:26-27)고 했다. 헬라어로 '기회'에 해당하는 '토포스'(*topos*)는 요새를 의미한다. 다른 죄와 마찬가지로 분노는 악한 영에게 우리 삶에 조금이라도 들어올 기회를 준다. 그 틈은 또 다른 분노를 불러일으키는 기반이자 마귀가 우리를 착취할 근거가 된다.

한 남자는 부인이 분명한 이유 없이 일단 화가 나면 완전히 다른 사람이 된다고 한다. 마치 자신을 뛰어넘는 어떤 능력이나 오랫동안 그녀를 붙잡고 있던 능력에 사로잡힌 듯한 모습이다. 화가 나는 이유야 많겠지만 불같은 분노는 마귀에게 침투할 빌미를 준다.

화가 나면 폭력석으로 변하고 이성을 잃게 되어 부부관계와 자녀에게 지울 수 없는 상처를 줄 수 있다. 나중에 용서를 구한다 해도 한번 입은 상처는 회복이 어렵다. 분노에는 파괴성이 있고, 파괴자 마귀는 분노를 자기 계획에 맞게 이용한다.

증오/살인

분노에 이어 증오와 통제가 불가능한 격분의 표현인 폭력이 따라온다. 이미 살펴보았듯이 동생을 죽인 가인은 "악한 자에게 속하여"(요일 3:12) 살인을 저질렀다. 요한은 형제를 사랑하지 않는 사람은 마귀의 자녀처럼 행동하는 것이라고 했다. 하나님의 자녀는 서로 사랑한다. 요한은 이렇게 말했다. "그 형제를 미워하는 자마다 살인하는 자니 살인하는 자마다 영생이 그 속에 거하지 아니하는 것을 너희가 아는 바라"(요일 3:15). 그래서 악한 영의 영향력 아래 있는 사람들이 살인으로 '앙갚음'하거나 자살을 시도하는 것이다. 마귀는 폭력과 살인을 부추긴다. 자살한 그리스도인은 패배한 채로 죽지만 나는 그들이 하늘에 안전히 도착한다고 믿는다.

요한이 "온 세상은 악한 자 안에 처한 것"(요일 5:19)이라고 했으므로 창조의 때부터 이 세상에 존재해온 잔혹 행위에 놀랄 필요가 없다. 텔레비전을 한 시간만 보아도 사탄이 이 시대의 신이라는 사실이 확인된다.

죄책감

원수는 '참소하는 자'다. 대제사장 여호수아가 이스라엘의 죄를 상징하는 더러운 옷을 입고 여호와 앞에 선 모습을 보았던 선지자 스가랴의 환상에 대해 이미 앞에서 이야기했다. 이때 사탄은 그의 오른쪽에 서서 그를 "대적했다." 그러나 하나님은 여호수아에게서 더러운 옷을 벗기고 아름다운 옷을 입히셨다(슥 3:1-7).

성령님은 우리에게 죄책감을 일으켜서 회개의 자리로 인도하지만 사탄은 죄책감을 사용하여 하나님과 우리 사이에 쐐기를 박는다. 사탄은 우리 죄가 너무 커서 하나님이 용서하실 수 없을 거라고 생각하게 만들거나 이미 용서받은 죄에 대해 계속 자책하게 한다.

사탄은 말뿐만이 아니라 감정에도 역사한다. 그는 우리가 하나님과 사람들, 심지어 우리 자신과 거리가 멀어졌다는 소외감을 우리 안

하나님의 사탄

에 불러일으킨다. 소외감을 계속 곱씹게 하거나 고통스러운 절망감을 현실로 믿게 만들면 일단 성공이다.

사탄의 이중적인 행동에 넘어가지 마라. 그는 우리를 죄로 유혹한다. 우리가 그의 제안을 수용하면 우리 양심에 참소를 퍼붓는다. 죄를 저지르도록 실컷 꼬드기고는 바로 그 죄에 대해 우리를 정죄한다. 순식간에 유혹하는 자에서 참소하는 자로 돌변한다.

하지만 사탄의 참소 행위도 결국에는 끝이 난다. "이제 우리 하나님의 구원과 능력과 나라와 또 그의 그리스도의 권세가 나타났으니 우리 형제들을 참소하던 자 곧 우리 하나님 앞에서 밤낮 참소하던 자가 쫓겨났고"(계 12:10).

정죄와 함께 많은 사람을 좌절에 몰아넣는 감정은 절망감이다. 무덤가에 사는 귀신들린 사람이 있었다(막 5:3). 그는 모든 인간관계가 단절되었다. 스스로 내린 선택일 수도 있으나 사람들이 강요한 결정일 수도 있다. 어찌되었든 그는 외톨이가 되어 내면의 고통과 두려움의 세계에 내몰렸다. 그는 신자가 아니었으나 그리스도를 만나서 영광스러운 구원을 경험했다. 그러나 신자도 그와 동일한 절망감을 느낀다.

절망감은 가장 그럴듯한 사탄의 거짓말이다. 사람은 음식 없이 40일을 견디고, 물 없이 3일을 견디며, 공기 없이 4분을 견딘다고 한다. 그러나 소망이 없으면 단 1분도 살지 못한다. 마귀는 하나님의 약속이 없을 때에만 절망감이 생존한다는 것을 잘 안다. 절망감은 무력감으로 이어진다.

거짓 종교

사탄은 그리스도를 보좌에서 끌어내린 거짓 종교로 사람들을 이끌어서 괴상한 교리를 따르게 한다. "그러나 성령이 밝히 말씀하시기를 후일에 어떤 사람들이 믿음에서 떠나 미혹하는 영과 귀신의 가르침을 따르리라 하셨으니"(딤전 4:1).

여기서 말하는 가르침은 금욕주의에서 영의 세계에 대한 이론까지 넓은 범위를 망라한다. 바울은 이방인들이 그들의 신에게 제사하는 것에 대해 이렇게 말했다. "무릇 이방인이 제사하는 것은 귀신에게 하는 것이요 하나님께 제사하는 것이 아니니 나는 너희가 귀신과 교제하는 자가 되기를 원하지 아니하노라 너희가 주의 잔과 귀신의 잔을 겸하여 마시지 못하고 주의 식탁과 귀신의 식탁에 겸하여 참여하지 못하리라"(고전 10:20-21).

신명기 18장 9-12절에는 하나님이 가증하게 여기시는 이교의 행위가 기록되어 있다. 아동학대, 점이나 길흉을 말하는 일, 마술, 무당, 영매, 죽은 사람의 혼을 불러오는 일 등이 해당된다. 사탄이 만든 모조품을 참되신 하나님의 자리에 두는 행위다. 이외에 신비한 동양 종교와 관련된 사이비 종교도 다양하다.

두려움

그리스도를 전하는 일에 대한 두려움은 모두가 경험하는 것으로 우리는 이 두려움이 사탄과 무관하다고 생각할 때가 많다. 베드로가 예수님을 부인하기 전 예수님은 이렇게 말씀하셨다. "시몬아, 시몬아, 보라 사탄이 너희를 밀 까부르듯 하려고 요구하였으나 그러나 내가 너를 위하여 네 믿음이 떨어지지 않기를 기도하였노니 너는 돌이킨 후에 네 형제를 굳게 하라"(눅 22:31-32).

두려움은 자연스러운 감정이며 우리의 생존에 도움이 된다. 과속 운전이나 주위를 보지 않고 길을 건너는 것은 당연히 두려워해야 할 일이다. 강도를 만날지도 모른다는 두려움 때문에 우리는 밤길을 조심한다. 우리는 질병, 가난, 죽음을 두려워한다. 어린 시절의 무서운 경험은 설명하기 힘든 두려움을 만든다.

사람을 마비시키고 조종하는 과장된 두려움도 있으나 불필요한 두려움에 사로잡혀 편집증적으로 반응할 필요는 없다. 두려움이 당연한 경우도 있으나 그 두려움이 우리를 통제해서는 안 된다. 예수님은 몸을 죽이는 자들을 두려워하지 말고 "몸과 영혼을 능히 지옥에 멸하실 수 있는 이"(마 10:28)를 두려워하라고 했다.

두려움은 자신을 두려움에 맡긴 사람을 마비시킨다. 요한은 "두려움에는 형벌이 있음이라 두려워하는 자는 사랑 안에서 온전히 이루지 못하였느니라"(요일 4:18)고 했다. 하나님을 정말로 두려워하는 사람은 두려워할 것이 별로 없다.

성적 간음과 도착

바울은 결혼한 부부의 성에 대해 조언하면서 단기간으로 합의한 경우 외에 부부는 서로에 대한 의무를 다해야 한다고 하면서 이유를 설명한다. "이는 너희가 절제 못함으로 말미암아 사탄이 너희를 시험하지 못하게 하려 함이라"(고전 7:5).

자신을 간음에 내어준 사람은 욕정의 노예가 된다. 성중독자들과 대화해보면 음란의 영은 도무지 채워지지 않는 성취욕으로 이끈다. 포르노, 동성애 등의 성적인 죄는 마귀의 놀이터다.

> **"**
> 공격 목표를
> 탈환하기보다는
> 방어하기가
> 훨씬 쉽다.
> **"**

그 모든 죄는 사탄이 세상에서 활동하지 않아도 존재할 것이다. 그것은 우리의 육신, 즉 타락한 본성에 뿌리를 두기 때문이다. 사탄은 우리의 본성을 착취하고 과장하며 유혹하고 파괴하는 일에 계속 매진한다.

성경은 우리에게 마귀를 대적하라고 했다. 그러려면 대적하는 방법을 알아야 한다. 예수님은 이렇게 경고하셨다. "시험에 들지 않게 깨어 있어 기도하라 마음에는 원이로되 육신이 약하도다"(막 14:38).

문 닫기

루터는 마귀가 그의 마음에 와서 문을 두드리면 주 예수님을 문으로 내보내겠다고 했다. 예수님은 이렇게 응대하실 것이다. "마르틴 루터는 전에 여기 살았지만 지금은 이사해서 나갔다…지금은 내가 여기 산다." 루터는 마귀가 예수님 손의 못자국과 창에 찔린 옆구리를 보

하나님의 사탄

고 즉시 줄행랑칠 거라고 했다.

문을 두드리는 소리가 아무리 요란해도 계속 닫아두어야 한다. 일단 한번 열어주면 다음에는 더 활짝 문을 열게 된다. 어떤 전투든 일단 적의 수중에 넘어간 진지를 되찾기보다는 적의 공격을 방어하는 일이 쉽다.

사탄이 어떤 식으로 유혹하든 하나님은 우리가 한 행동에 대해 우리에게 책임을 물으신다. 우리에게는 사탄을 비난하고 책임을 회피할 권한이 없다. 예수님이 그러셨듯이 우리도 마귀에게 '안 돼'라고 거절하는 법을 배워야 한다. 문을 굳게 닫는 방법을 몇 가지 소개한다.

1. 잠시 멈추고 시험을 주신 하나님께 감사한다. 시험에 감사하기가 어려울 수도 있으나 시험이 하늘 아버지에게서 왔다고 생각하면 믿음이 더욱 강해진다. 이 사실을 기억하자. 하나님은 우리를 시험하시고 사탄은 우리를 유혹한다. 하나님께 감사할 수 없다면 그 모든 일 가운데 있는 하나님의 목적을 깨닫지 못한 것이다. 우리 죄에 대해 감사하거나 마귀에게 감사하는 것이 아니다. 하나님이 우리를 시험할 가치가 있는 존재로 보셨다는 사실에 감사한다.

예수님이 마귀의 나라를 상대로 완전한 승리를 거두셨다는 사실에 기뻐하며 찬양하자. 연약함이 아니라 강함으로 싸우자. 의심할 여지 없이 사탄은 이미 짓밟혔다. 우리에게 시험을 주신 하나님께 감사하자. 예수님이 모든 통치자와 권세보다 위에 계신 사실에 감사하자. 예수님을 위해 시험을 당하는 존재로 우리를 생각하신 하나님께 감사하자.

2. '대적'의 의미를 명심한다. 우리 대부분이 사탄에게 쉽게 승리할 수 있다고 생각한다. 그리스도의 이름으로 꾸짖고 말씀을 암송하면 즉시 유혹이 떠나고, 욕망이 가라앉으며, 분노가 사라지고, 우리가 처한 환경에 만족할 것이라고 생각한다. 우리가 드린 기도 때문에 시기심이 기쁨으로, 정욕이 사랑으로, 증오가 거룩으로 변하리라 기대한다.

바울은 사탄이 우는 사자 같이 다니며 삼킬 자를 찾는다면서 "그를 대적하라"(벧전 5:8-9)고 했다. 야고보는 우리가 하나님께 복종하고 마귀를 대적하면 마귀가 우리를 피할 거라고 거듭 도전했다(약 4:7). 바울과 야고보 모두 우리가 딱 한 번만 또는 짧은 기간에만 대적하면 된다고 믿지는 않았다. 예수님도 사탄을 대적하셨으나 사탄은 더욱 거세게 반격했다.

바울에게 시험은 전쟁이었다. 생사가 걸린 일이었다. 그는 사상자가 있다는 것을 알았다. 바울은 "마귀의 간계를 능히 대적하기 위하여 하나님의 전신 갑주를 입으라"(엡 6:11)고 했다. 예수님이 정복하신 영토를 차지하기란 극히 어렵다. 여호수아는 땅을 유업으로 받았지만 때로는 승리하고 때로는 패배하면서 쟁취해야 했다. 우리의 유업 역시 엄청난 노력을 통해서만 보장된다.

마약 중독자는 또 한 번의 마약 투여를 거절해야 한다. 포르노 중독자는 음란 비디오 대여를 거절해야 한다. 성질이 불같은 남편은 험한 말을 쏟아내거나 주먹을 날리고 싶은 충동을 억제해야 한다. 위기에 처한 사장은 눈앞에 아른거리는 뇌물을 거부해야 한다. 이 모든 상황에 대적하려면 자기통제와 고통이 필요하다. 모두 우리가 감내해야 하는 고통이다.

우리가 어떻게 대적하느냐에 따라 결과는 다르다. 굳은 의지와 결단만으로 이 같은 충동에 맞설 수 있는 게 아니다. 하나님을 바라보고 하나님께 우리를 구해주시기를 간구하면서 대항해야 한다. 마귀를 바라보면 유혹에 넘어갈 것이 분명하므로 마귀를 보아서는 안 된다. 예수님을 바라보고, 그분의 약속을 선포하며, 우리 홀로 고통받는 것이 아니므로 이 시련을 이길 수 있다는 확신을 가져야 한다. 말씀을 암송하고 찬송을 부르는 등 하나님께 계속 집중하려면 절박한 노력이 필요하다.

성적 충동과 관련하여 윌리엄 거널(William Gurnall)의 말을 기억하자. "초가집에 사는 사람이 지붕에서 날아온 불씨 하나로 집 전체가 타버릴까 봐 꺼진 불씨 하나까지 조심하듯이 성적 충동에도 똑같은 주의가 필요하다." 죄에 대한 최초의 충동을 거부해야 한다. 유혹이 우리 영혼에 자리 잡기 전에 유혹을 애초에 거절하는 것이 좋다. 모든 유혹에 당당히 맞서라.

바울은 왜 "모든 것 위에 믿음의 방패를 가지라"고 했을까? 하나님이 우리를 도와주신다는 믿음이 없다면 마귀는 우리의 저항을 거들떠보지도 않을 것이다. 하나님이 우리를 구하실 수 없다고 생각하는 사람에 대해 거널은 이렇게 말했다. 믿음을 상실한 사람은 "영혼이 사탄의 발 앞에 떨어진다. 그는 마음이 크게 낙심하여 유혹 앞에서 문을 굳게 닫아두지 못한다. 기억하라. 영적 광야 가운데서 믿음을 버린 사람은 우물이 마른 첫날 물주전자를 버리는 사람과 같다."

3. **죄는 언제나 우리의 적이다.** 불순종한 행위 하나가 우리를 덫에 가둔다. 쥐에게는 덫을 여러 번 경험할 기회가 없다. 한 번의 덫으로 끝이다.

한 번의 간음, 한 잔의 술, 한 번의 마약이 롤러코스터처럼 꼬리에 꼬리를 물고 이어지면서 올가미가 점점 조여온다. 그만큼 더욱 강하게 저항해야 한다. 구조받기 위해 필요한 것은 회개다.

4. **예수님처럼 말씀으로 사탄을 대적한다.** 우리는 사탄에게 이렇게 말해야 한다. "가라! 기록된 바…." 성경에 집중하는 태도는 거짓말로 우리를 혼동시키려는 사탄의 시도를 차단한다. 말씀은 우리를 정결하게 할 뿐 아니라 우리를 보호한다. 예수님은 "너희는 내가 일러준 말로 이미 깨끗하여졌으니"(요 15:3)라고 하셨다.

그러나 경고할 것이 있다. 말씀으로 대적한다고 해서 사탄이 항상 물러가지는 않는다. 예수님도 말씀으로 대적하셨지만 사탄은 또 다른 시험을 들고 와서 자기 나름대로 말씀을 인용했다.

하나님의 권세 아래 있지 않은 사람은 그분의 권세를 활용하지 못한다. 스게와의 일곱 아들이 예수님의 이름을 사용했다가 마귀 들린 사람이 그들을 눌러 이기는 바람에 벗은 몸으로 도망쳤던 사건이 있다(행 19:14-16). 하나님의 말씀은 우리가 그 말씀에 복종할 때에만 능력이 있다. 우리에게 닥친 시험 앞에서 진리를 선포해야만 원수가 떠나간다. 사탄은 우리가 더는 거짓말을 믿지 않으면 떠난다.

시험이 험난해도 자주 말씀을 인용하라. 아무리 많은 수류탄이 우리 쪽으로 날아오더라도 끝까지 진리 가운데 머물러야 한다. 시험이 너무나 극심해서 온 마음을 다해 하나님 안에 피해야 하는 경우도 많다. 이렇게 얻은 승리는 하나님께도 매우 소중하다.

안타깝게도 우리는 "안 돼"라고 하기보다는 "그럴 수도 있어"라고 할 때가 많다. 그럼으로써 "돼"라고 말할 가능성을 남겨둔다. 단호하게 거절하지 않고 문을 살짝 열어둔 채 성가신 외판원을 떼어내려고 노력하는 사람과 비슷하다. 사탄이 파는 물건에 관심 없다고 저항하면서도 문을 조금 열어두고 그가 유혹하는 말을 듣고 있다. 이렇게 대화가 이어지면 마귀가 내미는 제안을 받아들일 가능성이 크다.

문이 꿈쩍도 하지 않으면 사탄은 노크를 멈출 것이다. 그렇다고 싸움이 끝났다는 의미는 아니다. 찰거머리처럼 붙은 '내주하는 죄'는 여전히 있다. 육신을 이겼다고 생각하는 사람조차도 유혹하고 혼동시키며 굴복시키려 드는 예측 불가능한 능력과 종종 마주친다. 그래서 예수님은 이렇게 말씀하셨다. "시험에 들지 않게 깨어 있어 기도하라"(막 14:38).

예수님은 제자들에게 기도를 가르치시면서 "우리를 시험에 들게 하지 마시옵고 다만 악에서 구하시옵소서"라고 하셨다. 이렇게 기도해야 한다. "주님, 죄의 욕구가 생길 때 죄를 지을 기회가 없게 하시고, 기회가 있을 때는 욕구가 없게 하소서." 이런 시험을 통해 우리는 정금같이 된다.

영적 전쟁의 참호에서 사탄과 싸우는 신자들에게 도움을 주는 책들이 많다. 그 중 마크 부벡(Mark Bubeck)의 『사단을 대적하라』(The

Adversary)와 짐 로건(Jim Logan)의 『빼앗긴 땅을 되찾으라』(Reclaiming Surrendered Ground)를 추천한다. 특별한 관심과 조언이 필요한 중독, 습관, 어려움에 빠진 사람들에게는 상담도 큰 도움이 된다.

우리의 싸움은 아직 끝나지 않았다. 신중하게 문제의 뿌리를 정확히 집어내야 한다. 우리는 삶에서 그리스도를 잘 드러내기도 하지만 때로는 마귀를 드러낼 때도 있다는 사실을 하나님의 도우심을 힘입어 솔직하게 인정해야 한다. 우리는 영원을 준비하는 피조물이다. 그때까지 우리의 고투는 계속된다.

뱀의 독을 반드시 중화해야 한다.

뱀독의 중화

10
뱀독의 중화

낭신에게 사탄과 비슷한 점이 있다는 말을 듣는다면 기분이 나쁜가? 실은 비슷하다고 해서 놀랄 필요가 없다. 사탄의 아주 작은 저항 하나가 모든 인간의 마음을 타락하게 했기 때문이다. 우리는 더는 사탄에게 속한 존재가 아닌데도 종종 그런 것처럼 행동한다.

물론 신자인 우리에게는 그리스도의 성품도 있다. 하나님이 우리를 구원하신 목적은 우리로 하여금 그분을 닮게 하기 위해서다. 우리는 그분의 아들과 딸이다. 그러나 우리는 갈등에 개입하여 하나님과 사탄 사이에 있게 되었다. 양쪽 모두가 우리의 충성을 원하며 우리가 자신을 닮기 원한다.

로라라는 여성에게는 친구들을 서로 절교하게 만들고 자신과도 절교하게 만드는 묘한 능력이 있었다. 쓴 뿌리로 가득한 그녀는 권위에 굴복하기를 거부했다. 어느 정도 이해할 수 있는 태도였다. 그녀가 배신과 학대를 경험한 사람이었기 때문이다. 그러나 이해할 수 있다고 해서 무조건 용서할 수 있는 것은 아니다. 그리스도인으로서 당연히 해야 하는 행동을 하지 않는 것은 옳지 않다. 로라는 혼란 속에서 도움을 청했다가 결국 그 도움을 거부했다.

나도 그렇지만 로라도 자신이 그리스도인이라는 사실에는 의심의 여지가 없었다. 로라는 자신이 악한 세력의 영향력 아래 있음을 알았다. 종종 귀신이 그녀의 입을 통해 말했다. 로라를 3인칭으로 지칭하는 이 영적 존재는 나를 조롱하고 도전하면서 로라를 도와주려는 내 노력을 비웃었다. 내가 아무리 노력해도 소용없었다.

어느 주일에 설교가 끝나자 로라가 와서 말했다. "목사님, 저는 목사님이 교회에 왔을 때부터 목사님을 증오했어요. 이제 그 일을 사과드리려고요. 앞으로는 잘할게요."

무엇 때문에 화가 났었느냐고 물었다. "그런 거 없어요. 목사님이 잘못하신 건 없어요. 제 마음이 비뚤어져서 그래요." 나는 당연히 용서한다고 말했다.

한두 달 뒤에 밤 열한 시쯤 집으로 전화가 왔다. 로라는 밤새 귀신들과 싸웠으며 이제 해방되었음을 알리려고 전화했다고 했다. 나는 로라가 편히 잘 수 있도록 전화로 기도해주겠다고 했다.

내가 기도를 시작하자 로라의 성대를 통해 악한 영이 조롱하기 시작했다. "로라가 한밤중에 왜 전화했겠나? 당신을 무너뜨리겠어. 당신이 무디 교회에서 하는 설교를 로라가 듣지 못하게 하려고 당신을 증오하게 만들었지." 나는 그리스도의 이름으로 귀신에게 정체를 밝히라고 했다. 그는 "사랑"이라고 했다. "하나님이 보시는 앞에서 사실이라고 맹세할 수 있나?" 귀신이 대답했다. "아니."

15분 정도 말다툼을 하다가 악한 영을 꾸짖고 로라에게 말을 걸었다. 지금 어떤 일이 벌어졌는지 아느냐고 물었다. 로라가 말했다. "네. 어떤 영이 저를 통해 말하고 있어요." 귀신이 어떤 말을 했는지 그녀도 알고 있었다.

나는 로라와 기도했다. 그것이 마지막 대화였는데 나중에 들어보니 로라가 교회를 떠났다고 했다. 다시는 연락할 일이 없다고 생각했다. 그로부터 약 10년 뒤 자신이 귀신들림에서 구원받았다는 편지가 두 통 도착했다. 로라는 이세 사유의 몸이 되었다. 그녀의 구원은 내가 전혀 예상하지 못한 방법으로 일어났다. 뒤에서 자세히 이야기하기로 하자.

이 이야기를 하는 이유는 그리스도인이 귀신들릴 수 있느냐에 대해 논쟁하기 위해서가 아니다. 앞 장에서 모든 그리스도인은 하나님의 '소유'이기 때문에 결코 마귀의 소유가 될 수 없다고 했다. 우리 안에는 성령이 계신다. 귀신들림에 대해서는 의견이 분분하므로 여기서 해결하기는 어렵다.

최고의 귀신 축출법을 소개하려고 로라 이야기를 한 것도 아니다. 악한 영들에게 괴롭힘을 당하는 이 세상의 로라들을 위해 어떻게 해야 하는지에 대해서는 나보다 전문 상담가들이 훨씬 낫다. 로라의 경우에는 분명 내 노력이 실패했다.

이 이야기를 하는 이유는 따로 있다. 첫째, 타락한 본성과 싸우는 우리는 그리스도인이라도 종종 사탄의 특성을 보일 수 있다. 우리는 앙심을 품고 반항하며 악의적일 수 있다. 우리에게는 생각보다 유사한 부분이 훨씬 많다.

둘째, 로라의 사례를 통해 뱀의 독을 중화할 수 있다는 사실을 소개하고 싶다. 우리가 때로는 마귀처럼 행동할 수 있지만 사실은 그럴 필요가 없다. 로라의 이야기는 이 모든 싸움에 하나님의 숭고한 목적이 있다는 사실을 알려준다. 우리가 초급 기독교를 넘어서고 싶어 하는 순간 우리는 저항에 부딪힌다. 그러나 곧이어 새로운 차원의 영적 성장과 발전이 시작된다. 우리와 사탄의 싸움은 하나님과의 친밀함을 키우는 교실이다.

사탄은 우리가 죄를 지어서 자신과 같아지기를 바란다. 하나님은 우리가 악을 버리고 성령으로 충만하여 그분의 아들과 같아지기를 바라신다. 시험이 치열할수록 승리도 크다. 그리스도인이 됨으로써 다른 나라에 살게 되었으면 충성을 바치는 대상도 달라져야 한다. 싸움이 안팎으로 치열하다.

육신의 싸움

사탄이 오늘날 자유롭게 세상을 돌아다니지 못한다고 해도 여전히

하나님의 사탄

살인, 증오, 거짓말, 도덕적 타락 같은 죄가 일어난다. 우리 마음만 보아도 세상의 모든 악이 싹트는 것을 확인할 수 있다. 마귀는 인간에 대한 절대적인 능력이 없다. 나쁜 상황을 택하여 더욱 나쁘게 만들 뿐이다. 우리를 악으로 유혹하는 것은 마귀지만 결국 하고 싶은 일을 택하는 것은 우리 자신이다. 모든 것이 우리의 죄, 우리 육신의 죄라는 사실을 인정하라.

> 육체의 일은 분명하니 곧 음행과 더러운 것과 호색과 우상 숭배와 주술과 원수 맺는 것과 분쟁과 시기와 분냄과 당 짓는 것과 분열함과 이단과 투기와 술 취함과 방탕함과 또 그와 같은 것들이라 전에 너희에게 경계한 것 같이 경계하노니 이런 일을 하는 자들은 하나님의 나라를 유업으로 받지 못할 것이요(갈 5:19-21).

우리가 뿌리는 씨앗은 우리의 생각과 흥분된 욕망의 토양에 깊이 뿌리내린다. 어린 묘목이라고 생각했던 식물이 어느새 단단한 나무로 자란다.

'육신의 행위'라는 나뭇가지로 이루어진 나무가 있다고 하자. 에덴동산의 금지된 나무처럼 가지마다 매력적이며 각각 독을 품은 열매를 맺는다. 가지들은 별개인 것 같지만 사실은 서로 연결되어 있고 뿌리는 하나다.

바울이 말한 죄에는 다양한 행위가 포함된다. 바울은 음행으로 시작하여 방탕으로 마무리한다. 그 사이에는 주술, 원수 맺는 것, 시기, 술 취함 등이 있다. 우리 모두에게 적용되는 죄다.

다음으로 중요한 점은 이 모든 죄를 하나님이 싫어하신다는 것이다. 간음을 저지르지 않는다고 해서 안심할 수 없는 이유는 분쟁이나 분냄의 죄를 지을 수 있기 때문이다. 주술이나 술 취함에 빠진 적이 없는 사람이라도 남을 시기하거나 원한을 맺는 죄를 지을 수 있다. 이것은 모두 저주받은 행위다. 남을 판단하기 전에 먼저 자신을 판단하라. 내 육신의 죄는 다른 사람의 죄보다 하나님이 더 용납하실 만하다는 생각은 큰 착각이다.

육신의 행위라는 나뭇가지로 구성된 나무의 뿌리는 무엇일까? 뿌리는 자기의지, 즉 자신의 삶에 하나님의 주권이 임하시기를 거부하는 욕망이다. 최초의 인간이 저지른 바로 그 죄다. 그 반역은 우리에게까지 전해졌다. 교만은 하나님을 삶의 최고 통치자로 인정하기를 거부한다.

월트 휘트먼(Walt Whitman)은 『나 자신의 노래』(Song of Myself, 커뮤니케이션 북스 역간)라는 시집에서 이런 시를 남겼다.

나는 영혼이 바로 육체라고 말했고
나는 육체가 바로 영혼이라고 말했다
우리에게 자기보다 위대한 것은 아무것도 없다,
신(神)조차도 아니다

하나님의 사탄

많은 사람이 자신이 하나님이 연출하시는 대활극의 중심에 있다고 여긴다. 이러한 미이즘(me-ism, 자기중심주의)이 사탄의 반역에도 중심에 있다. 루시퍼가 "내가 하리라"고 의지를 펼칠 때 그의 독은 그를 악한 존재로 바꾸었다. 아담과 하와가 죄를 지었을 때 두 사람은 오염되었고, 그들의 후손인 우리에게까지 그 영향력이 전해졌다.

사탄에게는 치료약이 없지만 우리에게는 있다. 우리는 이 나무의 뿌리에 도끼를 내리칠 수 있다. 가지에서 열매만 잘라내지 말고 악한 생각과 행위를 일으키는 뿌리를 없애버릴 힘을 주시도록 하나님께 간구하자.

우리가 할 일은 반역의 열매를 찾아내고 사탄에게 어떠한 자리도 내주지 않는 것이다. 우리가 유혹과의 싸움에서 이길 때 하나님이 영광을 받으신다. 육신의 행위에 가하는 타격은 곧 사탄에게 가하는 것이다. 그러자면 우리 안에서 마귀를 닮은 성품이 무엇인지부터 확인해야 한다.

뱀독의 특성

모든 죄의 중심에 있는 마귀를 볼 수만 있다면 우리는 훨씬 신중해질 것이다. 죄는 매력적인 모습으로 유혹하지만 마귀는 우리에게 혐오감을 준다. 마귀가 위험한 이유는 우리 눈에 보이지 않기 때문이다. 그가 우리 앞에 등장한다면 결코 매력적이지 않을 것이다. 우리는 마귀를 혐오하면서도 종종 그의 태도나 행동에 편안함을 느낀다.

우리와 사탄이 비슷한 점을 몇 가지 소개한다. 우리는 우리의 원수를 닮기가 매우 쉽다. 닮은 점이 많지만 우리가 거짓의 아비를 닮을 수 있다는 사실을 직접 강조하거나 설명하는 구절을 바탕으로 다음과 같은 특성을 선별했다.

비방

하지 말아야 한다는 것을 알면서도 말을 내뱉는 경우가 있다. 단순히 화가 나서 화풀이로 하는 말이 아니다. 상대방을 자기보다 낮추려는 의도에서 상대방과 우리의 차이를 명확히 하려고 하는 말이다. 약간의 사실과 약간의 과장이 담긴 말의 숨은 동기는 상대방을 깎아내리는 것이다. 이것이 바로 비방이다.

바울은 집사의 부인에게 필요한 자격을 설명하면서 "여자들도 이와 같이 정숙하고 모함하지 아니하며 절제하며 모든 일에 충성된 자라야 할지니라"(딤전 3:11)고 했다. 헬라어로 '모함'에 해당하는 디아볼로스(*diabalous*)를 문자 그대로 번역하면 '마귀'(devils)다. 마귀의 뜻은 '비방하는 자'다.

집사의 부인들에게 모함하지 말라고, 즉 마귀가 되지 말라고 한 말은 혀를 통제하라는 경고다. 오히려 우리에게 해가 될 수 있는 사람에 대해 험담하지 마라. 아무리 사실이라고 해도 잘못된 이유로 잘못된 사람에게 전달되면 비방이 될 수 있다.

험담은 우리 내면의 깊은 인지된 자아와 만난다. 험담은 안장에 오르기 위해 딛는 등자에 해당한다. 사람들을 험담할 때 우리는 마귀를 위해 일하는 것이다. 하나님의 사람들을 험담하면 어둠의 나라를 높이는 셈이다. 사탄의 논리와 의도에 따라 행동하는 것이다. 야고보는 이렇게 말했다. "혀는 능히 길들일 사람이 없나니 쉬지 아니하는 악이요 죽이는 독이 가득한 것이라 이것으로 우리가 주 아버지를 찬송하고 또 이것으로 하나님의 형상대로 지음을 받은 사람을 저주하나니"(약 3:8-9).

'죽이는 독'은 뱀에게서 온다. 사탄이 가장 통제하고 싶어 하는 우리 몸의 기관이 바로 혀다. 혀에는 축복의 능력도 있고 저주의 능력도 있다. 그리스도의 몸을 세우기도 하고 무너뜨리기도 한다. '마귀가 되지 말라'는 바울의 경고는 우리 모두에게 적용된다.

하나님의 백성을 비방하는 신사와 하나님의 백성을 비방하는 뱀 사이에 차이가 있을까? 둘 다 죄를 짓는다. 둘 다 하나님이 가증히 여기시는 일을 하며 어둠의 나라를 선동한다.

그리스도를 고백하지 않음

반역의 뿌리에는 자기의지가 있기 때문에 사탄은 그리스도의 주 되심을 고백하기가 어렵다. "그러므로 내가 너희에게 알리노니 하나님의 영으로 말하는 자는 누구든지 예수를 저주할 자라 하지 아니하고 또 성령으로 아니하고는 누구든지 예수를 주시라 할 수 없느니라"(고전 12:3). 사탄은 하나님이 강요하신 때가 아니라면 그리스도를 주님으로 인정하지 않을 것이다. 어떤 악한 영도 결코 스스로 그렇게 말하지 않는다.

내가 만난 그리스도인 중에는 그리스도를 주님으로 인정하지 않는 사람들이 있다. 마음으로는 인정하지만 공개적으로는 하지 않는다. 그들은 그 정도로 그리스도께 순복하기가 불가능하다고 생각하며 그리스도를 주님으로 말하기를 어려워한다. 하나님이 문을 열어주셔도 그리스도를 인정하지 못한다.

어느 그리스도인에게 들은 이야기다. 이발소에 앉아 있는데 이발사가 예수님과 성경에 대해 이런저런 질문을 시작했다고 한다. "뭐라고 말해야 할지 모르겠더라고요. 전도를 해본 적도 없고 할 말도 없었어요." 물론 훈련이 부족해서 말을 못하는 경우가 있다. 우리는 우리의 의견을 제대로 전하지 못하거나 상대방의 질문에 대답하지 못하면 어쩌나 하는 두려움이 있다. 그러나 자신이 그리스도께 속했다는 사실이 부끄러워 말하지 못하는 경우도 있다. 예수님의 주 되심을 인정하지 못하는 것이다.

그리스도를 주님으로 고백하는 일을 무시하는 신자와 그리스도를 주님으로 고백하기를 거부하는 마귀 사이에는 비슷한 점이 있다. 물론 그리스도인에게는 고백하고 싶은 마음이 있으나 마귀에게는 그럴 마음이 없다는 차이가 있다. 침묵하는 그리스도인과 반역하는 마귀의 공통점은 사람들 앞에서 그리스도를 경외할 마음이 없다는 것이다.

우리가 "만 입이 내게 있으면"이라고 찬양하면서도 입으로 고백하기를 주저하는 이유는 그리스도의 권위 아래 굴복하려는 의지가 부족하기 때문이다. 하나님은 우리가 삶만이 아니라 입술로도 하나님을

하나님의 사탄

드러내도록 우리를 부르신다. 그러나 우리는 무지와 침묵으로 그리스도를 부인한다.

부정함

신약성경은 스무 번 이상 마귀를 '더러운 영'으로 지칭한다. 예를 들어 거라사 지방의 남자는 "더러운 귀신" 들린 사람으로 불렸다(막 5:2). 육체의 더러움보다는 영적, 도덕적 불결함에 해당한다. 수치스럽고 치욕스러운 생각이나 행동을 말한다. 더러움은 하나님과 맺은 도덕 계약에 어긋난다.

베드로도 육에 집착하는 교사들을 "더러운 정욕" 가운데서 행하는 자들로 지칭하면서 동일한 헬라어를 사용한다(벤후 2:10). 양심을 오염시키고 생각을 더럽히는 것은 도덕적 부정함이다. 텔레비전만 보아도 부정함이 팽배해 있다. 사무실이나 공장에서 오가는 대화에도 부정함이 들어 있다. 신문가판대에도 부정함이 넘친다.

한 조사에 따르면 남성 그리스도인 50퍼센트 이상이 어떤 식으로든 포르노와 싸우고 있다고 고백했다. 우리는 달과 비슷해서 우리에게는 아무도 모르는 어두운 면이 있다. 오직 성령님만이 그 어두운 부분에 빛을 비추신다. 한 여성은 300권의 싸구려 소설을 태워버렸다고 고백했다. 그녀의 표현에 따르면 서랍을 뒤집어서 그 안에 든 모든 것을 버리는 것과 비슷하다. 부정한 생각도 그렇게 깨끗이 비워야 한다.

하나님과 닮지 않은 것은 무엇이든 부정하다. 이러한 유사성을 결코 간과하지 마라. 성령이 아니라 자아에 이끌려 행동할 때 우리는 부정해지며, 우리 자신을 납득시키기 위해 상당한 정신적 에너지를 소비한다.

통제 욕망

인간을 통제하고 싶어하는 마귀는 필요한 경우 동물을 사용한다. 예수님이 무덤가에 있던 사람에게서 귀신을 쫓아내시자 귀신들은 돼지 떼에게 보내달라고 간청했다. 2천 마리나 되는 돼지 떼는 바다로 떨어져 몰사했다(막 5:11-13).

통제 욕망을 가장 잘 보여주는 곳이 사이비 종교다. 사이비에 빠진 사람들 가운데 거의 대부분이 가족과 단절된다. 그들은 의견이 다른 사람들과의 관계를 끊으라면서 이제 새로운 가족이 생겼다고 말한다. 그때부터 통제가 시작된다. 옷 입는 법, 돈 쓰는 법, 결혼 상대까지 간섭한다. 무엇을 믿고 어떻게 살지에 대해서도 말한다. 전도를 나갈 때는 절대로 혼자 보내지 않는다. 혹시라도 전도자의 생각을 바꾸려고 시도하는 사람이 있을지 모르기 때문에 언제나 선배가 동행한다.

시카고에서 한 남자가 복음주의 교회에서 파생된 종교 집단을 시작했다. 어느 날 그가 논의할 사항이 있다고 해서 갔더니 나에게 자신의 권위 아래로 오라고 했다. 그는 나에게 무릎 꿇고 죄를 회개하라고 했다. 특히 자신의 리더십에 굴복하지 않는 죄를 회개하라는 것이다. 나는 그의 말을 따르지 않았다. 나에게 하나님 앞이 아니라 자기 앞에 절하기를 요구했기 때문이다. 그는 나의 신이 되고자 했다. 섬뜩한 일이다.

극단적인 경우에는 구분이 가능하지만 별로 드러나지 않는 통제 욕망은 어떻게 알 수 있을까? 어떤 상황에서든 이기려고 하는 사람들이 꼭 있다. 그들은 항상 관심의 중심이 되려고 한다. 그들은 절대 자신의 잘못을 인정하지 않으며, 정복하고 조종하는 능력을 열망한다. 교묘한 협박과 강요, 권력 다툼으로 가정과 사무실을 관리한다. 통제를 매우 중요하게 여기는 사람은 통제권을 포기해야 할 때 격분하며 사람들에게 분노를 표출한다.

또 다른 형태의 통제는 지나친 소유욕으로 자신의 것을 남과 나누지 않는 경우다. 그들은 구두쇠 같은 영이 있어서 자신이 가신 것을 움켜쥐려고만 한다. 영혼이 가난한 그들에게 "주는 것이 받는 것보다 복이 있다"(행 20:35)는 예수님 말씀은 당혹스럽다.

> **"**
> 속임당하는 사람은
> 그 사실을 모른다.
> **"**

내가 아는 그리스도인은 임종이 가까워서야 자신에게 있는 오만한 통제의 영을 인정했다. 모든 일을 자기 손안에 쥐려고 했던 태도를 마침내 시인했다. 말기 암으로 병원에 누워서 어찌할 수 없는 상황이 되자 진작 그의 삶에 있었어야 하는 겸손의 영이 드러났다.

소유하고 차지하며 지시하려는 욕구, 즉 통제는 아집의 열매다. 이것도 우리가 마귀와 공유하는 또 하나의 속성이다.

인정

사탄은 예수님께 한 번만 절하면 세상을 주겠다는 말로 자신의 깊은 속내를 드러냈다. 자기의지는 인정과 경배를 원한다. 자기의지는 대가에 대한 고민 없이 자신에 대한 관심을 유도하고 지켜내며 더 많이 받기만 원한다. 마귀가 열망하는 것은 자신이 중심에 선 순간이다. 과장된 찬사와 순종의 대상이 된 순간이다.

당신도 인정받지 못해 또는 자격이 훨씬 부족한 사람에게 밀려났다는 이유로 발끈한 경험이 있을 것이다. 인정받고 싶은 욕구를 키우는 것은 기만이다. 우리는 사실과 거리가 먼 영적 이미지를 유지하는 데 엄청난 재능이 있다. 내면의 실체와 직면하게 되면 자신의 진짜 모습과 대면하기를 거부하며 사실을 부인한다.

우리는 인정받지 못할 때 쉽게 분노하고 마음이 상한다. 잠깐의 경배를 위해 타는 듯한 지옥 불을 감내하는 마귀와 닮은 점이 매우 많다.

기만

사탄은 사기꾼이며 스스로 속이는 자다. 그는 오래전 타락할 때 이미 자신을 기만했다. 스스로 높아지려고 했던 자가 가장 낮은 자리로 추락한 것은 매우 역설적이다. 실제의 그와 그가 맞이한 결과 사이에는 무한한 차이가 있다. 전부 기만이다.

기만은 교묘하다. 속임당하는 사람은 그 사실을 모른다. 자신이 속고 있다는 사실을 안다면 그것은 진짜 기만이 아니다. 거짓말을 믿는 사람에게는 거짓말이 진실이다.

우리는 우리 자신에 대해 속아 삶을 지배하는 우리의 능력을 과대
평가한다. 하나님에 대해서도 속아 하나님이 부당한 요구를 하신다
고 생각한다. 우리의 방법이 최선이라는 생각에도 속아 넘어간다. 또
무력감에 빠져서 하나님이 우리를 도와주시지 않는다는 속임에 넘어
간다.

우리가 당하는 사기는 상당 부분 고의적이다. 우리가 속는 이유는
우리가 원하기 때문이다. 우리가 양심을 달래기 위해 자신의 행동을
합리화하는 능력에 착한 천사들은 감탄하고, 나쁜 천사들은 기뻐 뛴
다. 우리의 생각은 마음이 원하는 대로 행동을 합리화하는 능력을 갖
고 있다. 그래서 우리는 자아의 거짓말에 자주 넘어간다.

일주일 전에 한 유명한 복회자가 부인을 버리고 교회 여성도와 기
나긴 휴가를 떠났다는 비극적인 소식을 들었다. 그는 충분히 기도했
고 '하나님의 뜻'대로 내린 결정이라고 했다. 그는 이것이 하나님이 원
하시는 뜻이라고 믿도록 자신을 설득했을 것이다. 자기기만에 빠지
고 싶은 절박한 열망을 가지고 하나님의 뜻을 구한다면 결과가 어떻
겠는가? 당연히 인간의 욕망을 따르기 쉽다.

자신과 이웃을 속이는 우리의 능력은 예레미야의 말로도 확인된다.
"만물보다 거짓되고 심히 부패한 것은 마음이라 누가 능히 이를 알리
요마는"(렘 17:9). 우리는 우리 마음을 모른다. 하나님은 우리 자신을
기만하는 우리의 능력을 잘 아신다. "나 여호와는 심장을 살피며 폐
부를 시험하고 각각 그의 행위와 그의 행실대로 보응하나니"(10절).

이 모든 특징이 자기의지의 열매라면 나무줄기를 계속 쳐내야 한다. 원수의 행위를 쏙 빼닮은 육신의 행위가 '죽도록' 하나님께 은혜를 구해야 한다.

뿌리를 쳐낼 도끼

이렇게 쓰디 쓴 열매를 맺는 자기의지를 해결할 방법이 있을까? 로라를 돕는 일에 실패하고 10년이 지나서 연락이 왔다. 다음은 두 통의 편지 중 첫 번째다.

> 과거에 마귀에게 억압당할 때는 자존감도 바닥이었고, 예수님의 보혈로 저에게 주어진 승리를 경험하지 못했어요. 죄책감, 수치심, 절망감, 무력감에 휩싸여 있었죠. 탈출구가 보이지 않았어요.
> 시카고를 떠난 이후 여러 교회를 다녔지만 비슷한 일이 계속 일어났어요. 목사님들의 사역을 방해하고 교인들을 분열하는 일을 하도록 제가 마귀에게 조종당하고 있다는 것을 전혀 몰랐어요. 일을 구할 수도 없어서 오랫동안 정처 없이 떠돌았어요.
> 그러다 1년 전에 더는 도망치지 않기로 결심했어요. 도망칠 곳도 없었어요. 주님의 도우심과 여러 사역자의 도움과 사랑, 그리스도의 몸 된 형제자매들의 도움과 사랑으로 하나님이 저를

하나님의 사탄

사랑하시고 하나님의 말씀을 믿어도 된다는 사실을 믿기 시작했어요. 제가 그리스도 안에서 승리했고, 마귀의 악한 계략에 대해서도 승리했다고 믿기로 결단했어요.

제가 그동안 거짓말을 믿어왔음을 깨달았죠. 원수가 머리에 심은 생각에만 집중하면 우리는 원수가 바라는 대로 패배자로 지내야 해요. 그동안 제가 가졌던 모든 지식은 이제 힘을 잃었어요. 믿음과 맞지 않거든요. 나 같은 사람을 하나님이 어떻게 사랑하시겠느냐고 생각했어요. 하나님은 나 같은 사람에게 관심이 없으니까 이대로 내버려두시는 거라고 생각했어요. 그동안 그런 말을 듣고 믿었어요.

이제는 하나님을 찬양해요! 그분은 결코 저를 포기하지 않으셨어요. 그리스도 안에서 제가 누구인지를 인정하게 되었어요. 저는 예수님과 공동 상속자예요. 그분의 특권을 누릴 수 있는 사람이죠. 더는 하나님께 불평하지 않아요. 그분은 제게 주님을 찬양하고 제가 주님 안에서 얼마나 축복받은 사람인지를 당당히 말할 입을 주셨어요.

아직 모든 게 완전하지는 않지만 저는 해방감과 건강한 자존감, 승리의 감정을 느껴요. "아들이 너희를 자유롭게 하면 너희가 참으로 자유로우리라"고 하셨잖아요. 앞으로는 마귀의 무수한 거짓말에 넘어가서 마귀의 올가미에 사로잡힌 사람들을 도와주고 싶어요.

제가 악한 영에게 사로잡혔다는 사실을 깨닫는 데 목사님도

큰 역할을 하셨어요. 감사해요. 제가 계속 승리의 길을 걸어가
도록 기도해주세요.

주님의 이름으로 축복합니다.

그리스도 안에서

로라 드림.

편지에서 내 주의를 끈 부분이 있다. "그동안 제가 가졌던 모든 지
식은 이제 힘을 잃었어요. 믿음과 맞지 않거든요." 지식은 우리가 그
지식을 믿기로 선택하지 않는 한 우리에게 도움이 되지 않는다. 어떻
게 우리 마음에 믿음을 쌓을까? 물론 하나님 말씀에 노출될 때 믿음
이 생긴다. 이때 하나님을 향해 머리만이 아니라 마음까지 돌리려는
강한 열망이 필요하다. 로라는 분노하고 그 분노로 행동할 권리, 쓴
뿌리를 갖고 용서하지 않을 권리, 거짓말을 믿을 권리를 내려놓았다.
그렇게 하는 편이 훨씬 합리적으로 보였기 때문이다.

온몸으로 히틀러에 저항했던 독일의 신학자 디트리히 본회퍼
(Dietrich Bonhoeffer)의 말이다. "그리스도가 제자를 부르실 때는 와서
죽으라고 명하신다." 자기의지에 대해 죽는 것은 슬프거나 우울하거
나 낙심되는 일도, 혹은 자기 성찰의 일도 아니다. 그것은 심리적으로
힘든 경험이 될 수도 있고 그렇지 않을 수도 있다. 참된 회개는 통회
하는 마음으로 시작한다. 그러나 성경에 부합하는 회개라면 그 마지
막 기쁨의 열매를 맺을 것이다.

뿌리를 도끼로 내리치는 일은 일회성 행동이 아니라 생활방식이다. 우리가 하지 못하는 일을 예수님이 하시도록 날마다 예수님을 철저히 의존해야 한다. 다음을 기억하자.

1. 그리스도는 우리에게 자아에 대해 죽을 힘을 주신다. "우리가 알거니와 우리의 옛 사람이 예수와 함께 십자가에 못 박힌 것은 죄의 몸이 죽어 다시는 우리가 죄에게 종 노릇 하지 아니하려 함이니…그러므로 너희는 죄가 너희 죽을 몸을 지배하지 못하게 하여 몸의 사욕에 순종하지 말고"(롬 6:6, 12). 우리의 진짜 위치는 '그리스도 안'이다. 그리스도 안에서 우리는 하나님께 의롭게 여겨졌고, 하늘 아버지 앞에서 영구적으로 용납되었다. 이것은 그리스도인으로서 우리를 낙심하게 하는 여러 일에서 우리를 자유롭게 한다. 우리는 하나님께 사랑받는 사람이며 영예로운 특별한 자리로 올려졌다. 우리에게 하라고 명하시는 모든 일은 그리스도가 이미 하신 일에 기반한다.

십자가는 내가 저지른 일을 처리하기 위해서만이 아니라 나 같은 사람을 바꾸기 위해 계획되었다. 십자가는 샘에서 나오는 더러운 물을 깨끗하게 하기 위해서만이 아니라 샘의 본질을 바꾸기 위해서 존재한다. 이것이 하나님이 그리스도 안에서 나를 위해 하신 일이다. 하나님은 지금도 그 일을 하신다. 그분은 우리가 우리 자신을 십자가에 못 박지 못한다는 것을 아신다. 십자가형은 누군가가 우리를 위해 해 주어야 한다.

신약성경에는 '이미 끝난 일'과 '아직 일어나지 않은 일' 사이에 건강한 긴장감이 있다. 우리는 그리스도 안에서 죽었다. 그분 안에서 자유를 얻었다. 그러나 우리는 여전히 싸우고 있다. 믿음의 싸움은 지금도 일어난다. 그리스도는 불가능해 보이는 일을 가능하게 하시려고 십자가에 달려 돌아가셨다. 우리가 결코 할 수 없다고 생각하는 일을 성취할 힘을 하나님이 주신다.

이 사실을 붙들면 시험당하는 중에도 하나님을 찬양할 수 있다. 이 책에서 거듭 강조했듯이 마귀가 존재하는 데는 목적이 있고, 우리 육신의 괴로움은 우리를 단련하기 위한 것이다. 하나님은 우리의 연약함을 잘 아신다. 우리가 좋아하는 죄로 돌아가기가 얼마나 쉬운지도 아신다. 우리를 끊임없이 따라다니는 죄가 하나님이 우리에게 공급하시는 은혜보다 강하다는 거짓말을 완전히 잘라내라.

사탄은 우리에게 자신의 실체와 무관한 이름, 즉 천하무적이라는 사실을 주입하려고 한다. 그는 우리가 그에 대해 믿는 만큼만 강하다. 로라가 스스로 힘이 없다고 생각했을 때 그녀는 그녀의 생각만큼 약했다. 그러나 모든 소망을 주시는 하나님을 바라보고 그분의 약속이 사실임을 믿자 모든 낙심에서 벗어날 수 있었다.

다음 편지에서 로라는 자신의 삶에 대해 하나님께 불평하는 대신 하나님을 찬양하자 태도에 변화가 일어났다고 했다. "사람들에게 알려주셨으면 하는 사실이 있어요. 주님을 찬양하는 생활은 원수에게 대적하는 가장 강력한 무기 중 하나예요. 사탄은 예수님을 찬양하는 것을 싫어해요. 저는 사탄에 맞서서 예수님을 더욱 찬양하게 되었어요."

  2. **변명과 자기합리화를 끝내고 회개하라.** 로라는 지칠 대로 지쳤

다. 더는 숨을 곳이 없었다. 하나님은 로라를 낮추셨다. 그동안 악한 세력 아래서 힘들었던 로라는 새로운 주인의 명령을 받아들일 정도로 절박했다.

이전에 로라는 왜 그렇게 하지 못했을까? 당시에 그녀는 하나님의 해결책보다 자신의 문제가 더 크다고 생각했다. 그녀는 자신의 행동에 대해 무수한 변명을 늘어놓았다. 자신의 모든 문제를 다른 사람 탓이라고 오래전 결론을 내렸다. 하나님의 풍성한 약속보다 자신의 감정만 믿을 때 범하기 쉬운 실수다. 사탄이 거둔 전략적 승리는 하나님이 하신 말씀을 믿지 못할 이유들을 우리에게 제시한 것이다.

일반적으로 하나님은 가장 어려운 것, 우리가 어떻게든 간직하고 합리화하며 소중히 여기는 그 죄를 버리라고 하신다. 죄를 포기할 수 없다고 말하는 사람은 그리스도 안에서 우리가 자아에 대해 죽었다는 사실을 부인하는 것이다. 우리는 하늘 아버지가 우리에게 주목하게 하신 모든 일 가운데서 주님의 통치에 굴복해야 한다.

마귀는 "넌 할 수 없어"라고 말한다.

하나님은 "넌 할 수 있어"라고 하신다.

3. **성령의 충만함을 받으라.** 육신의 일은 성령의 열매와 배치된다. 바울이 말한 성령의 열매는 "사랑과 희락과 화평과 오래 참음과 자비와 양선과 충성과 온유와 절제"(갈 5:22-23)다. 바울은 "너희는 성령을 따라 행하라 그리하면 육체의 욕심을 이루지 아니하리라"(16절)고 약속했다. 보통은 육체의 욕심을 죽이면 성령 안에서 걸어갈 수 있다고 생각하는데 바울은 반대로 말한다. 첫걸음을 내디디려면 성령의 능력

이 필요하다. 아무리 연약할 때도 성령 안에서 걸어야 한다. 속박당하고 있을 때도 성령 안에서 걷는 법을 배워야만 자유를 얻는다.

성령의 능력은 믿음으로 받는다. 날마다 성령이 우리 삶에서 일하신다는 확신을 선포하라. 믿음으로 그리스도를 영접하면 믿음으로 걸어간다. 오직 성령님만이 우리를 자유케 하시며 자유의 상태를 유지해주신다.

4. **핵심은 믿음이다.** 로라의 두 번째 편지에 이런 내용이 있다. "거짓말을 하실 수도 결코 하지도 않으시는 하나님을 찬양해요. 그동안 사탄이 워낙 강해 보여서 제가 이미 얻은 승리를 믿을 수가 없었어요. 사탄은 제가 그에게 절대 상대도 안 된다고 느끼게 만들었어요. 저를 결코 놓아주지 않으려 했어요…하지만 이제는 알아요."

하나님은 선하시다. 그분의 약속은 믿을 만하다. 하나님의 길을 택하면 그분은 자신에게 선한 일만이 아니라 우리에게 선한 일을 하신다. 선한 것이라면 좋아야 한다는 생각을 뛰어넘을 필요가 있다. 사탄에게 온 것이면 악해 보일 것이라는 고정 관념도 뛰어넘자. 당연히 사탄은 나쁜 의도로 다가온다. 그러나 하나님은 그것을 선하게 바꾸신다. 사탄의 공격은 우리가 그것에 잘못 대응할 때만 나쁘다. 그는 우리에게 해를 입히려고 하지만 우리가 시험을 통과할 때 하나님이 축복하신다. 야고보는 이렇게 말한다. "시험을 참는 자는 복이 있나니 이는 시련을 견디어 낸 자가 주께서 자기를 사랑하는 자들에게 약속하신 생명의 면류관을 얻을 것이기 때문이라"(약 1:12). 이 시험은 유혹의 시험이다.

하나님의 사탄

"몸의 행실을 죽인"(롬 8:13) 사람은 하나님이 자신을 단련하실 때 하셔도 되는 일과 하실 수 없는 일을 주장하지 않는다. 삶의 소유권이 하나님께 넘겨졌으며, 우리가 처한 상황이나 하나님의 허락 아래 그 상황을 만든 마귀보다 하나님이 훨씬 강하시다고 믿는다.

우리 안의 죄를 발판으로 삼아 우리를 괴롭히던 마귀는 이제 자신들의 세력이 축소된 것을 발견한다. 우리와 하나님 사이를 갈라놓기도 어려워진다. 과거에 자신들의 소유라

> **독수리 떼는 시체에서 살점이 사라지면 떠난다.**

고 주장했던 영토는 이제 손아귀에서 멀어진다. 그동안 우리가 저질렀던 마귀 같은 행동들을 회개하자 마귀는 낙심한다. 우리에게 있던 뱀과 비슷한 특성들이 점차 자취를 감추며 하나님의 복된 아들을 닮은 모습으로 변화된다. 예수님을 닮는 것이 우선순위가 된다. 그리스도께 시선을 맞출수록 그분을 닮는다.

로라는 악한 영들과의 대결이나 축사 사역 없이 마귀의 억압에서 풀려났다. 마귀가 교묘하게 이용했던 죄들은 그리스도의 보혈 아래로 사라졌다. 그녀의 마음에는 믿음이 자랐고, 분노로 가득했던 여성은 이제 하나님을 찬양하게 되었다. 사람들을 탓하던 여성은 이제 도망치기를 멈추어야만 하나님이 도우신다는 사실을 깨달았고, 자신의 마음이 모든 문제의 뿌리였음을 인정하게 되었다.

독수리 떼는 시체에서 살점이 사라지면 떠난다. 썩은 시체에 몰려

드는 파리 떼는 시체가 매장되면 떠난다. 늑대는 뒤쫓던 양이 목자 근처에 머무르면 단념하고 돌아간다.

뱀에게 물린 우리의 상처는 절개되었다. 우리 안에는 뱀독을 중화시키는 혈청이 있다. 그 혈청은 그리스도가 우리를 자유케 하기 위해 오셨다는 믿음이다.

하나님의 사탄

11

하늘에서 쫓겨난 뱀

11
하늘에서 쫓겨난 뱀

하나님의 심판이 임하기까지는 종종 오랜 시간이 걸리지만 일단 심판이 시작되면 매우 신속하고 확실하게 진행된다. 하나님이 인간의 역사를 마무리하기 시작하시면 뱀은 여러 단계에 걸쳐 몰락한다. "가장 높은 구름에 올라가 지극히 높은 이와 같아지리라"(사 14:14)고 말한 순간부터 루시퍼는 불못을 피할 수 없다. 그러나 수세기 동안 하나님은 돌이킬 수 없는 결말을 지연시키셨다. 하나님의 목적을 달성하는 데 사탄이 더는 필요 없을 때 종말이 임할 것이다.

십자가에서 이 세상 임금은 "쫓겨났다"(요 12:31). 사탄은 심판 후 유죄 판결을 받았다. 그의 형벌은 높이 들려서 모두가 볼 수 있었다. 모든 권세를 박탈당한 그의 수치는 만천하에 드러났다. 그는 패배와

암운의 잿더미에서 괴로워하며 그리스도의 승리를 마지못해 인정해야
했다. 머리를 짓밟힌 사탄은 그리스도의 발뒤꿈치를 살짝 꼬집는 정
도의 반격을 가한다. 모든 면에서 안쓰러운 상황이다.

천둥과 번개는 동시에 일어나지만 우리는 번개를 먼저 보고 천둥소
리를 나중에 듣는다. 십자가에서도 번개가 먼저 번쩍이고 천둥소리가
들릴 때까지 시차가 있다. 사탄은 졸개들에게 희망적인 소식을 전하
며 끝까지 저항한다. 그러나 당신이 책을 읽는 이 순간에도 그것은 이
미 끝난 전쟁이다.

사탄의 최후 몰락은 세 단계로 일어난다. 1단계: 하늘에서 쫓겨난
다(이번 장의 주제다). 2단계: 천 년 동안 감금된다. 3단계: 불못에 던져
진다(다음 장의 주제다). 그는 심판이 머지않았다는 사실을 매우 잘 알
고, 앞일을 생각하며 겁을 낸다.

오늘날 사탄은 하늘에 들어갈 수 있을까? 답은 요한계시록 12장
을 어떻게 이해하느냐에 따라 다르다. 일부에서는 그리스도가 십자
가에 달려 돌아가셨을 때 사탄이 하늘에서 쫓겨났다고 가르친다. 실
은 예수님이 "이 세상의 임금이 쫓겨나리라"(요 12:31)고 하셨다. 또 예
수님은 제자들에게 "사탄이 하늘로부터 번개 같이 떨어지는 것을 내
가 보았노라"(눅 10:18)고도 하셨다. 그러나 예수님이 요한계시록 12
장에서 사탄이 하늘에서 쫓겨난 일을 언급하셨다고 보기는 어렵다.
우선 예수님은 십자가에 오르시기 전에, 이 세상 임금이 쫓겨나리라고
예언하시기 전에 사탄이 하늘에서 떨어지는 것을 보았다고 하셨다.
제자들은 귀신들이 쫓겨났다는 사실을 기뻐하며 돌아왔다. 예수님은

제자들의 사역으로 사탄이 떨어지는 것을 보셨다. 여기서 "사탄이 떨어지는 것을 보았다"는 부분이 중요하다.

사탄이 오늘날 하늘에 접근할 수 있다면, 나는 그렇다고 믿는다, 그것은 그가 우리에 대해 하나님과 계속 대화한다는 말이다. 그는 하나님의 허락을 받아서 사람들을 정죄하고 회유하며 괴롭힌다. 모든 인간과 전쟁을 벌이고 있지만 그가 특별히 공격하는 대상은 자신이 하나님께 영원히 속했다는 것을 아는 사람들이다. 짐작컨대 욥기의 내용과 비슷한 대화가 지금도 진행될 것이다.

사탄이 하늘에서 아직 쫓겨나지 않았다고 생각하는 다른 이유는 뒤에서 설명하겠다. 앞일에 대해 우리가 무엇을 믿느냐는 지금 사탄과 어떻게 싸우느냐에 중요한 의미를 가진다. 자세히 알아보자.

두 개의 큰 이적

"하늘에 큰 이적이 보이니 해를 옷 입은 한 여자가 있는데 그 발 아래에는 달이 있고 그 머리에는 열두 별의 관을 썼더라 이 여자가 아이를 배어 해산하게 되매 아파서 애를 쓰며 부르짖더라"(계 12:1-2). 이 말씀이 상징하는 바를 해석하려면 다른 구절을 살펴보아야 한다. 자세히 보면 이해하기 어려운 구절은 아니다.

여자는 이스라엘을 상징한다. 열두 별은 열두 지파다. 해와 달은 요셉이 꾼 꿈을 연상시킨다. 꿈에 나온 해와 달은 요셉의 부모 야곱과

라헬을 가리킨다. 여자가 대환난 기간에 살아 있다는 사실은 여자가 이스라엘을 상징한다는 증거다.

여자의 해산은 예수님의 베들레헴 탄생과 연결된다. 여자가 낳은 아들은 "장차 철장으로 만국을 다스릴 남자"이며, 아이는 "하나님 앞과 그 보좌 앞으로 올려진다"(5절). 이 한 구절에 그리스도의 탄생과 삶과 승천이 담겨 있다.

그다음 이적이다. "한 큰 붉은 용이 있어 머리가 일곱이요 뿔이 열이라 그 여러 머리에 일곱 왕관이 있는데"(3절). 왕관은 그의 권위를 상징하고, 열 개의 뿔은 다니엘 7장 7-8절에 나오는 열 나라를 의미한다. 마치 사탄의 꼭두각시인 적그리스도가 지배하는 통합 유럽을 연상시킨다.* 정치와 종교 제도를 통제하는 용의 붉은 색은 사탄이 살인자임을 강조한다.

이어지는 말씀이다. "그 꼬리가 하늘의 별 삼분의 일을 끌어다가 땅에 던지더라"(계 12:4). 별이 천사 같은 존재라면 이 말씀은 무수한 천사를 하늘에서 땅으로 던지는 사탄의 능력을 가리킨다. 앞에서 보았듯이 천사의 삼분의 일이 하나님께 반역하는 편에 섰다. 요한은 과거와 현재를 만화경으로 보듯이 보고 있다. 그는 종종 과거와 현재의 간극을 구분하지 않고 사건들을 시각적으로 표현한다.

매우 섬뜩한 상황이다. 악한 용은 출산을 앞둔 여자 앞에 서서 아이를 잡아먹으려고 기다린다. 마치 베들레헴에서 태어난 예수님을 죽

---

*저자의 의견으로 도서출판 디모데의 신학과는 무관합니다. -편주

하나님의 사탄

이려고 했던 헤롯 왕을 연상시킨다. 사탄이 예수님을 죽이려 한 최초의 시도였다.

아이는 무사히 도망쳤다. 마리아와 요셉과 아기 예수는 헤롯의 계획을 피해 애굽으로 피신했다. 나사렛으로 돌아온 뒤에는 평범한 아이로 성장했다. 자신이 메시아임을 밝힌 뒤에는 거절당하고 세상 죄를 대속하시려고 십자가에 달리셨다. 이후 죽은 자 가운데 살아나셔서 하늘에 오르셨다.

여자는 광야로 도망가 42개월 또는 3년 반 동안 보호받고 도움을 받는다. 이는 7년의 대환난 중 마지막 3년 반을 의미한다. 사탄은 유대인의 나라를 파괴하려고 하지만 계획은 수포로 돌아간다. 이제 가장 흥미로운 부분이다.

하늘 전쟁

사탄이 여전히 하늘에 있다고 해서 놀랄 필요가 없다. 하나님은 그에게 반역 전과 동일한 특권을 조금 주셨다. 그러나 그는 머지않아 하늘의 영광을 떠나서 영원히 돌아가지 못한다. 다시는 돌아가지 못할 그는 영광스러운 모습을 마지막으로 눈에 담아두어야 한다. 영원히 남을 기억이다.

미가엘은 사탄을 너무 존중한 나머지 모세의 시체에 대하여 반박하지 못했지만(유 1:9) 이제는 확신을 갖고 싸운다. "하늘에 전쟁이 있으니 미가엘과 그의 사자들이 용과 더불어 싸울새 용과 그의 사자들도 싸우나 이기지 못하여 다시 하늘에서 그들이 있을 곳을 얻지 못한지라"(계 12:7-8). 미가엘과 루시퍼는 한때 동료였다. 그들은 동일한 주인을 섬겼고, 사실상 동일한 책임을 맡았다. 한때는 미가엘이 루시퍼 아래 있었기 때문에 이번 싸움의 패배는 루시퍼에게 고통스러운 일이다. 루시퍼는 자기 부하였던 자에게 밀려 하늘에서 쫓겨난다.

> **"**
> 그는 한때
> 자기 부하였던 자에게
> 밀려 하늘에서
> 쫓겨난다.
> **"**

세상에서 거둔 그리스도의 승리에 맞먹는 하늘의 승리다. 십자가의 승리는 하늘의 승리로 전환되었다. 마귀와 그의 부하들은 쫓겨나고 더는 "하늘에서 있을 곳을 얻지 못한다." 하늘을 마지막으로 본 뱀은 이제 문이 굳게 닫혀 들어가지 못한다.

하늘 문이 닫혀 자신은 들어갈 수 없는 상황에서 자신에게 핍박받던 성도들이 예수님의 온전한 아름다움 안에서 하나님의 보좌 앞에 선 모습을 보면 사탄은 피가 거꾸로 쏠릴 것이다. 그의 생각에 성도들은 자신과 동일한 죄를 많이 지었는데도 그리스도의 형제로서 천사보다 높은 자리에 오른다. 그는 성도들이 하늘에 영원히 있는 동안 자신은 어디에 영원히 있을지를 알고 있다. 분노가 치밀어오른다.

이 사건이 대환난 중 일어난다고 말할 수 있는 또 다른 이유는 장차 임할 나라가 시작되기 때문이다. "내가 또 들으니 하늘에 큰 음성

하나님의 사탄

이 있어 이르되 이제 우리 하나님의 구원과 능력과 나라와 또 그의 그리스도의 권세가 나타났으니 우리 형제들을 참소하던 자 곧 우리 하나님 앞에서 밤낮 참소하던 자가 쫓겨났고"(10절). 그 나라가 시작되었음을 선포할 수 있는 이유는 형제들을 참소하던 자 곧 사탄이 쫓겨났기 때문이다. 이 나라가 그리스도가 세상을 통치하시는 천년왕국이라면 그리스도의 이 특별한 통치를 위해 사탄이 하늘에서 쫓겨났다고 볼 수 있다.

하늘의 전쟁과 사탄이 감금되어 천년왕국이 실현되기까지는 오래 걸리지 않는다. 사탄이 쫓겨난 뒤의 이야기다. "그러나 땅과 바다는 화 있을진저 이는 마귀가 자기의 때가 얼마 남지 않은 줄을 알므로 크게 분내어 너희에게 내려갔음이라"(12절). 그는 매우 화가 나서 세상에 내려간다.

그리스도가 돌아가실 때 사탄이 하늘에서 쫓겨났다면 이 '얼마 남지 않은 기간'은 대략 2천 년 정도 된다. 그러나 요한의 말로 볼 때 사탄이 화가 난 이유는 예수님이 영광 중에 돌아오시고 사탄이 천년왕국 시대에 무저갱에 갇히기까지 3년 반밖에 남지 않아서일 가능성이 크다.

이 말씀을 종말의 시나리오로 볼 수 있는 마지막 이유는 사탄이 이스라엘을 계속 박해하기 때문이다. 대환난 기간 중에도 핍박은 계속된다. "용이 자기가 땅으로 내쫓긴 것을 보고 남자를 낳은 여자를 박해하는지라"(13절). 광야로 도망친 여자는 "한 때와 두 때와 반 때" 동안 보살핌을 받는다. 이것은 3년 반을 의미한다. "한 때"가 1년, "두 때"는 2년, "반 때"는 6개월이다(참고. 단 7:25, 12:7, 계 11:2, 13:5). 마지막 핍박은 3년 반 동안 이어진다.

약속의 자손을 파괴하여 하나님의 목적과 계획을 무산시키려 했던 그는 이제 이스라엘을 몰살하기 위한 마지막 시도를 감행한다. 뱀은 여자의 뒤에서 물을 토해 내어 그녀를 휩쓸어버리려고 하지만 땅이 입을 벌려 강물을 삼킨다. 이것이 어떤 의미든 이스라엘을 멸망시키려는 사탄의 마지막 시도가 있는 것은 분명하다. 하나님은 이스라엘 백성을 도우셔서 그들이 완전히 몰살되는 일을 막으신다.

사탄이 빛나는 순간

갑자기 사탄의 목표물이 시야에 들어온다. 하늘에서 자리를 잃은 그는 세상에서 계획을 성공시키겠다는 의지로 가득하다. 3년 반의 대환난 동안 사탄은 적그리스도를 통해 세상을 지배한다. 그는 짧은 시간을 최대한 활용한다. 다음 내용을 보자.

> 또 권세를 받아 성도들과 싸워 이기게 되고 각 족속과 백성과 방언과 나라를 다스리는 권세를 받으니 죽임을 당한 어린 양의 생명책에 창세 이후로 이름이 기록되지 못하고 이 땅에 사는 자들은 다 그 짐승에게 경배하리라(계 13:7-8).

하나님의 사탄

적그리스도가 등장하자 세상은 그가 세상을 통일하고 평화의 시대를 가져올 것처럼 그를 신격화한다. 사탄은 신으로 추앙받는 사람 안에 사는 것으로 만족하지 못한다. 최고의 속이는 자인 사탄은 삼위일체의 세 위격을 모방하는 시도를 감행한다. 사탄의 3인조는 그들이 참되고 살아 계신 하나님인 것처럼 행동하면서 세상을 혼란에 빠뜨린다.

먼저 사탄은 자신을 성부 하나님과 동일시한다. 그리고 '용'의 모습을 하고 적그리스도인 짐승에게 자신의 권세를 준다(계 13:4). 세상이 자신을 하나님으로 생각하기를 바랐던 사탄의 꿈은 곧 악몽이 될 것이다.

다음으로 용에게 권세를 받은 짐승은 성자 하나님에 해당한다. 그는 기적을 행하고 그리스도의 부활을 복제하려고 시도한다. "그의 머리 하나가 상하여 죽게 된 것 같더니 그 죽게 되었던 상처가 나으매 온 땅이 놀랍게 여겨 짐승을 따르고"(계 13:3). 보통 사람이었으면 죽었을 상처인데도 적그리스도가 살자 세상은 그를 따른다. 회의적인 사람들은 이 자를 그들이 따르고 경배할 사람으로 확신한다.

마침내 종교적 연합이 일어난다. 용과 짐승이 세상의 경배를 받는다. 창세전 생명책에 이름이 기록된 사람들을 제외하고는 세상 모든 사람이 그를 경배한다. 이 독재자에게 감히 대적할 용기를 가진 일부를 제외하고 세상 전체가 그에게 마음을 빼앗긴다.

히틀러가 맹위를 떨칠 당시 새로운 주기도문이 등장했다. "뉘른베르크에 계신 우리 아버지 아돌프시여, 제3제국이 임하시오며." 동일한 방법으로 사람들은 적그리스도를 경배한다. 그는 경제 전문가로서 세상을 경제적으로 안정시킨다. 그는 자신을 향한 찬양에 부응하는 인물이다.

이 불경건한 삼위일체의 세 번째 멤버는 요한계시록 13장 11-18절에 나오는 또 다른 짐승이다. 성령이 그리스도에게 관심을 집중시켰듯이 이 사악한 자의 임무는 세상이 적그리스도를 경배하게 만드는 것이다. "땅과 땅에 사는 자들을 처음 짐승에게 경배하게 하니 곧 죽게 되었던 상처가 나은 자니라"(12절). 이 짐승은 세상의 신뢰를 얻기 위해 놀라운 이적을 행한다. 이 불량한 3인조가 행한 많은 이적을 보면 불이 하늘에서 떨어지고, 짐승의 우상이 말을 하게 하며(사탄은 생명을 창조할 수 없으므로 여기에는 분명 눈속임이 있을 것이다), 치명적인 부상이 낫는다.

적그리스도는 어떻게 그처럼 놀라운 능력을 갖게 되었을까? 그는 사람들이 생각하기에 하나님만 하실 수 있는 일을 한다. 바울은 이렇게 말한다. "악한 자의 나타남은 사탄의 활동을 따라 모든 능력과 표적과 거짓 기적과 불의의 모든 속임으로 멸망하는 자들에게 있으리니 이는 그들이 진리의 사랑을 받지 아니하여 구원함을 받지 못함이라"(살후 2:9-10). 여기에 사용된 "능력", "표적", "기적"은 그리스도가 행하신 이적을 가리키기 위해 사용된 말이다. 그리스도가 하신 일을 복제하는 적그리스도의 능력은 매우 많은 사람이 넘어갈 정도로 위력적이다.

히틀러는 작은 거짓말보다 큰 거짓말이 더욱 효과적이라고 했다.

하나님의 사탄

그렇다면 사람이 하나님이라는 거짓말이야말로 가장 효과적일 것이다. 뉴에이지 사상에 길들여진 국가라면 이 말에 당연히 속아 넘어갈 것이다. 하와에게 "네가 하나님 같이 될 것이다"고 했던 약속을 고수하려는 사탄의 일그러진 노력은 이렇게 이어진다.

마침내 사탄의 오랜 바람이 이루어진다. 온 세상이 경배하는 이 사람 뒤에는 사탄이 있다. 온 세상이 사탄을 경배하는 셈이다.

마침내 얻은 통제권

세계적인 기독교 리서치 전문 기관인 바나 그룹이 연구한 바에 따르면 미국인 3분의 2 정도가 세계에 존재하는 종교들이 사실은 동일한 신을 경배한다고 믿는다. 종교의 통합이라는 비전은 하나의 종교, 하나의 세계 정부를 지향한다. 종교와 정치가 한 사람에게 집중되고, 사상과 경제가 혼합되어 하나의 세계 철학을 구성한다.

오늘날 벌어지고 있는 전쟁, 기아, 경제 불안 등의 문제를 해결하기 위해 단일 세계 질서를 세우려는 조직적 네트워크가 존재한다. 이 네트워크를 이끄는 리더는 세계의 종교를 통합하고 세계적인 조직이 구성되도록 정치 구조를 재편할 카리스마 넘치는 지도자다. 그는 제사장이자 왕이며, 메시아이자 황제다.

이 통치자는 사람들의 마음을 사로잡는 거부할 수 없는 매력으로 독일을 통제했던 아돌프 히틀러와 능력의 원천이 동일하다. 히틀러의 육체는 "그 안에 거주하는 영을 위한 껍데기"에 불과했다는 그의 측근의 말처럼 히틀러는 깊은 수준의 신비주의적 변화를 경험했다.

적그리스도가 나타나면 창세기 3장에 기록된 최초의 교리들이 다시 등장한다. 인간의 신성, 의식의 변화(깨달음), 도덕적 상대주의 같은 것이다. 과거의 역사적인 인물이 다시 나타났다는 말을 전파하기 위해 환생의 개념이 사용된다. 다시 존재하게 됨으로써 "죽었다가 살아났다"고 주장하는 그에게 찬양과 경배가 쏟아진다.

그는 모든 면에서 기독교를 위조한 종교를 소개한다. 기도 대신 만트라(주문)가 있고, 설교자 대신 구루(종교 지도자)가 있으며, 선지자 대신 심령술사가 있고, 십계명 대신 새 시대에 맞는 새 계명이 있다.

사탄의 꼭두각시인 그는 엄격한 통제에 의한 광범위한 금융망으로 세계를 통제한다. "짐승의 표" 없이는 아무도 사고팔 수 없다. 그의 권위에 감히 도전하는 자는 죽임을 당한다. 이 새로운 메시아는 히틀러처럼 유대인에 대한 복수로 증오심을 표출한다.

뉴에이지 문학에서는 오랫동안 새로운 세계 질서에 대한 예측이 등장했다. H. G. 웰스(H. G. Wells)는 "통합적인 정치, 사회 교육, 선전 활동을 위해 조직된" 무수히 많은 사람과 다양한 집단으로 구성된 세계 전반의 혁명이 일어날 것이라고 했다.[1]

> 사회주의나 공산주의처럼 광범위하고 확고한 거대한 규모의
> 세계 운동이 일어난다. 여러 운동이 그 뒤로도 계속 일어난다.
> 이것은 세계 종교가 된다. 느슨한 동화력을 지닌 거대한 집단

하나님의 사탄

과 사회가 세계 전체 인구를 흡수하고, 새로운 인간 사회를 형
성하려는 확고하고도 눈에 띄는 행동이 실행된다. [2]

이것이 바로 다양한 종교가 통합을 이루면서 지향하는 최고의 정점
이다. 오늘날 우리가 목격하는 사탄 숭배의 지류들도 결국 거짓 종교
의 강으로 합류한다. 그 모든 강물은 신성을 가진 인간에게 향한다.
세계의 모든 문제가 종교적인 방법으로 해결된다.

그럴듯하게 포장된 슬로건 아래 인간의 신격화가 정점에 도달한
다. 모든 반대 세력이 힘을 잃고 새로운 세계 질서가 구축된다.

여기에 동참하지 않는 자들은 위협당하고 굶주리며 청산된다.

마귀가 모든 것을 통제한다.

이기는 자들

마지막 때와 관련하여 여러 시나리오가 가능하지만 사탄이 적그리스
도를 통해 세상을 지배하는 대환난 기간에도 분명 신자들이 존재한
다. 일부에서는 교회가 대환난을 통과한다는 증거로 이 신자들의 존
재를 지적한다. 그들은 하나님의 직접적인 진노에서 보호받지만 용의
손에 박해와 죽임을 당한다.

나는 대환난이 시작되기 전에 교회에 휴거가 있고, 남은 자들(주로
유대인)은 대환난 기간에 구원받는다는 시나리오를 믿는다. 어떤 시나

리오를 믿든지 성도들이 짐승의 공격을 견뎌야 한다는 데는 이견이 없을 것이다.

남은 자들은 사탄의 공격에 어떻게 반격할까? 우리와 동일하게 대응한다. "또 우리 형제들이 어린 양의 피와 자기들이 증언하는 말씀으로써 그를 이겼으니 그들은 죽기까지 자기들의 생명을 아끼지 아니하였도다"(계 12:11).

> 66
> 복음 선포는
> 사탄의 공격에 맞설
> 힘을 준다.
> 99

우선 그들은 어린양의 보혈로 사탄을 이긴다. 사탄은 그리스도의 희생으로 하나님께 죄가 없다고 판결받은 사람들을 더는 정죄할 수 없다. 모든 정죄는 힘을 잃는다. "우리를 사랑하사 그의 피로 우리 죄에서 우리를 해방하시고"(계 1:5)라는 말씀을 기억하자. 마지막 때에 사탄의 네트워크가 아무리 광범위하게 펼쳐지더라도 십자가의 능력은 여전히 존재한다. 악한 세력이 승리한 것처럼 보일 때 십자가의 능력이 오히려 더욱 선명하게 드러난다.

기독교 신앙 안에서 자란 사람들 가운데는 용서와 승리의 기초인 그리스도의 보혈이 무슨 의미인지 모르는 경우가 종종 있다. 죄와 실패로 힘겨운 하루를 보내고 나면 이렇게 형편없는 내가 기도한다고 하나님이 과연 들어주실까 하는 의심이 생긴다. 반대로 모든 일이 순조로울 때는 하나님과의 관계도 완벽해 보이고, 하나님이 우리 기도를 당연히 응답해주신다는 확신이 든다.

하나님의 사탄

양쪽 모두 옳지 않다. 우리가 처한 상황이 좋든 나쁘든 간에 우리가 하나님께 나아갈 수 있는 근거는 동일하다. 그리스도의 보혈이다. 또 우리가 느끼는 죄책감이 객관적이든(하나님 앞에서 명백한 죄) 주관적이든(우리의 양심이 일으킨 감정) 해결책은 동일하다. 바로 그리스도의 보혈이다.

모세가 애굽에 있을 때 이스라엘 백성은 그들의 집 문에 뿌린 피 때문에 화를 면했다. 가족의 상황이 좋은지 나쁜지는 중요하지 않았다. 그들이 죄를 이겼는지도, 물론 중요하기는 하지만, 여기서는 중요하지 않았다. 오직 보혈이 중요했다. 하나님이 "내가 피를 볼 때에 너희를 넘어가리니"(출 12:13)라고 하셨기 때문이다.

다음으로 이기는 자들은 "자기들이 증언하는 말씀"(계 12:11)으로 그를 이긴다. 그리스도가 우리를 위해 돌아가셨고, 그분의 승리가 우리 것이라는 복음의 선포는 우리에게 사탄의 공격에 맞설 힘을 준다. 복음 선포는 우리가 사는 나라와 문화를 위한 유일한 희망이다.

순교 역시 사탄의 승리를 막는 수단이다. 요한은 "그들은 죽기까지 자기들의 생명을 아끼지 아니하였도다"(11절)고 했다. 신자들은 초대 그리스도인들이 고대 로마 제국의 통치 아래 순교했듯이 부활한 로마 제국의 통치 아래 순교할 것이다. 두 경우 모두 하나님이 의도하신 순교다. 사탄의 세력은 파멸을 조장하지만 하나님은 위임하신다. 그리스도가 악인들의 손에 죽는 것이 하나님의 뜻이었듯이 그분을 따르는 자들도 동일한 보살핌과 섭리 아래 목숨을 잃는다. 그 모든 와중에도 마귀는 여전히 하나님의 종이다.

다음은 루터의 글이다.

친척과 재물과
명예와 생명을
다 빼앗긴대도
진리는 살아서
그 나라 영원하리라

죽음은 생명의 주를 따르는 자들에게 두려움을 주지 못한다.

의기양양한 뱀의 날은 길지 않다. 하나님은 이 가짜 지도자를 내버려두지 않으신다. 자신의 아들에게 속한 경배를 낚아챈 자를 결코 좌시하지 않으신다. 세상을 지배하는 인간의 능력에 대한 허황된 낙관주의는 장차 끝이 난다. 사탄의 날은 끝이 보인다.

최후의 결전이 얼마 남지 않았다.

하나님의 사탄

뱀에게 돌아갈
영원한 수치

12
뱀에게 돌아갈 영원한 수치

루시퍼가 반역을 결심하기 전에 불못을 보았다면 어떻게 되었을까? 하나님이 언제나 가장 좋은 길을 아신다고 믿었다면 그의 비극은 달라졌을지도 모른다. 수세기 동안 이어진 가학적인 반역은 한 시간의 불못으로 해결되지 않는다. 영원히 꺼지지 않는 불이 필요하다.

하나님은 구약에서 장차 의와 공의의 나라가 임한다는 예언을 거듭 주셨다. 사람들이 무기를 내려놓고 평화와 안정을 누리며 함께 살아갈 그날을 말씀하셨다. "무리가 그들의 칼을 쳐서 보습을 만들고 그들의 창을 쳐서 낫을 만들 것이며 이 나라와 저 나라가 다시는 칼을 들고 서로 치지 아니하며 다시는 전쟁을 연습하지 아니하리라"(사 2:4). 역사가 기록된 이래로 이런 정치적 평화는 오지 않았다. 그리스도가 다스리실 나라에서만 가능한 일이다.

사탄은 이 나라를 자신의 지배 아래 두려고 끊임없이 시도한다. 잔인한 군대와 도로, 법으로 무장한 로마 제국은 세계를 통합하여 중앙 집권식 구조를 만들려는 사탄의 첫 번째 시도였다. 그러나 사탄은 인간을 마음대로 통제할 수 없었다. 잘 조직된 통합 국가를 세상에 세우기는 어렵다. 인간의 나라는 잔혹한 행위와 분파로 결국 분열된다. 인간의 이기심은 통합을 위한 모든 노력을 수포로 만든다.

몰락한 로마의 잔재 위에 세워진 신성 로마 제국은 유럽의 정치와 종교 세력으로 구성된, 신성과는 거리가 먼 연합체였다. 나폴레옹이 등장하면서 이미 오래전부터 분열이 시작된 제국은 공식적으로 해체되었다. 거짓 종교와 작당하여 정치 제도를 세우려는 사탄의 꿈은 여러 번 실현되었으나 모두 실패했다. 독일 제1제국으로 불렸던 신성 로마 제국은 몰락했다.

이어서 독일 프로이센이 등장하여 비스마르크의 지도력 아래 나폴레옹 전쟁 후 폐허가 된 지역을 차지했다. 유럽 통합과 제국의 부활을 꿈꾸는 새 황제의 새로운 제국이 등장했다. 그러나 독일이 1차 세계 대전에서 패배하여 두 번째 시도도 실패로 돌아갔다. 독일 제2제국도 끝났다.

> **"**
> 사탄은 세상을
> 통치하려는 야욕을
> 다시 한 번 드러낸다.
> **"**

1918년 11월 독일이 패배했다는 소식을 들은 한 젊은 사병이 어머니가 돌아가신 후 처음으로 눈물을 흘렸다. 그는 우주와 하나가 되는 신비한 체험을 한 후 불현듯 정치에 입문해야 한다는 사명감을 느낀다. 독일 제2제국의 몰락을 목격한 그는 거창한 꿈을 꾼다.

그렇게 히틀러는 제3제국 시대를 시작한다. 단일 지도자 아래 세상을 통합하려는 세 번째 시도다. 그는 천년제국을 꿈꾸었으나 모두가 아는 것처럼 그 꿈은 겨우 12년 6개월 만에 물거품이 되었다. 세계 정복과 통일을 위해 여러 나라를 선동하는 사탄의 노력은 이렇게 계속된다.

세계는 통일된 적이 없으며 통치자 한 명이 전 세계를 통치하는 일도 없다. 기아와 전쟁 같은 문제를 감안하면 세계 통합이 간절해 보인다. 세계는 효과적이고 안정적인 경제를 일으키기 위해 여러 국가를 하나로 모으려고 노력한다.

성경은 사탄이 세계 통치의 야심찬 계획을 또 한 번 시도하여 마침내 성공한다고 설명한다. 적그리스도가 등장할 때쯤이면 바벨론 시대 이래 시도되었던, 모든 사람이 함께 모여 "성읍과 탑을 건설하여 그 탑 꼭대기를 하늘에 닿게"(창 11:4) 하려는 계획이 마침내 현실이 된다. 오늘날 기술과 통신의 발달로 볼 때 세계 통합은 가능해 보인다.

사탄은 대환난기에 하늘에서 쫓겨난다. 그렇다고 해서 세계적인 네트워크를 구축하려는 시도를 중단하지는 않는다. 자신의 때가 얼마 남지 않았음을 직감한 그는 오히려 독하게 최후의 무모한 도박을 감행한다. 세상의 통치자가 되어 그리스도를 대적하는 것이다. 제4제국이다.

그러나 그 제국은 결코 순탄하지 않다. 하나님의 성도들이 그를 대적한다. 세상의 통치자들은 자기들의 이기적인 욕심만 채우려 든다. 위태로운 세계 통합은 점차 무너진다. 무엇보다도 유대인에 대한 증오가 극심하여 중동이 일촉즉발의 대치 상황으로 돌변한다. 이것이 패배를 야기한다.

아마겟돈 전쟁으로 알려진 이 싸움은 역사상 최악의 전투다. 므깃도에서 시작되는 전쟁은 순식간에 이스라엘과 중동 전역으로 확산된다. 예수님은 이렇게 예언하셨다. "이는 그 때에 큰 환난이 있겠음이라 창세로부터 지금까지 이런 환난이 없었고 후에도 없으리라"(마 24:21). 인류 전체의 타락이 또다시 드러난다.

예수님과 사탄의 싸움은 유대 광야가 아니라 감람산에서 일어난다. 이때 사탄이 상대하는 그리스도는 굶주린 상태의 약한 분이 아니라 전쟁을 위해 오시는 영광스러운 분이다. 정당한 통치자가 오신다. 사탄도 알고 있다.

그리스도의 영광스러운 귀환

세상의 군대가 예루살렘 성에서 벌어지는 전투를 위해 이스라엘로 모이고, 그리스도가 오신다. 다음은 스가랴의 예언이다.

내가 이방 나라들을 모아 예루살렘과 싸우게 하리니 성읍이

하나님의 사탄

함락되며 가옥이 약탈되며 부녀가 욕을 당하며 성읍 백성이 절반이나 사로잡혀 가려니와 남은 백성은 성읍에서 끊어지지 아니하리라 그 때에 여호와께서 나가사 그 이방 나라들을 치시되 이왕의 전쟁 날에 싸운 것 같이 하시리라 그 날에 그의 발이 예루살렘 앞 곧 동쪽 감람산에 서실 것이요 감람산은 그 한 가운데가 동서로 갈라져 매우 큰 골짜기가 되어서 산 절반은 북으로, 절반은 남으로 옮기고(슥 14:2-4).

지질학자들에 따르면 감람산에는 사해까지 이어지는 단층선이 있다. 그리스도가 감람산에 서실 때 산이 동서로 갈라질 것이다. 싸우던 나라들이 싸움을 멈추고 그리스도를 주목한다. 사탄은 그리스도를 왕좌에서 쫓아내고 그리스도의 왕관을 땅으로 던질 마지막 기회가 있다. 그러나 사탄이 이미 여러 번 겪었듯이 그의 싸움은 금방 끝나는 단막극이다.

요한은 이렇게 말한다.

또 내가 하늘이 열린 것을 보니 백마와 그것을 탄 자가 있으니 그 이름은 충신과 진실이라 그가 공의로 심판하며 싸우더라 그 눈은 불꽃 같고 그 머리에는 많은 관들이 있고 또 이름 쓴 것 하나가 있으니 자기밖에 아는 자가 없고 또 그가 피 뿌린 옷을 입었는데 그 이름은 하나님의 말씀이라 칭하더라 하늘에 있는 군대들이 희고 깨끗한 세마포 옷을 입고 백마를 타고 그를 따르더라 그의 입에서 예리한 검이 나오니 그것으로 만국을 치겠고 친히 그들을 철장으로 다스리며 또 친히 하나님 곧 전능하신 이의 맹렬한 진노의 포도주 틀을 밟겠고 그 옷과 그 다리에 이름을 쓴 것이 있으니 만왕의 왕이요 만주의 주라 하였더라 또 내가 보니 한 천사가 태양 안에 서서 공중에 나는 모든 새를 향하여 큰 음성으로 외쳐 이르되 와서 하나님의 큰 잔치에 모여 왕들의 살과 장군들의 살과 장사들의 살과 말들과 그것을 탄 자들의 살과 자유인들이나 종들이나 작은 자나 큰 자나 모든 자의 살을 먹으라 하더라 또 내가 보매 그 짐승과 땅의 임금들과 그들의 군대들이 모여 그 말 탄 자와 그의 군대와 더불어 전쟁을 일으키다가 짐승이 잡히고 그 앞에서 표적을 행하던 거짓 선지자도 함께 잡혔으니 이는 짐승의 표를 받고 그의 우상에게 경배하던 자들을 표적으로 미혹하던 자라 이 둘이 산 채로 유황불 붙는 못에 던져지고 그 나머지는 말 탄 자의 입으로부터 나오는 검에 죽으매 모든 새가 그들의 살로 배불리더라(계 19:11-21).

　　"희고 깨끗한 세마포 옷을 입고"(14절) 그를 따르는 자들은 누구일까? 그들은 천사들이 아니라 어린양의 혼인 잔치에 청함을 받은 성도들이다(7-9절). 세상에 있는 신자들은 이 놀라운 일이 벌어지기 전에 휴거되므로 요한이 말하는 성도에는 이 시대의 신자들도 포함된다.
　　잠시 숨을 가다듬고 다음 내용을 읽어보자. 우리는 역대 최후의 전

　　　　　　　　　　　　　　하나님의 사탄

투에서 세상 군대를 진압하기 위해 그리스도를 따른다. 감람산에서 그리스도와 함께 승리의 행진을 한다. 이 세상에서 이스라엘을 가보지 못한 사람들은 장차 그 놀라운 광경을 목격할 것이다. 그리스도는 자기 백성을 승리로 이끄신다.

짐승과 거짓 선지자는 "산 채로 유황불 붙는 못에 던져진다"(20절). 사탄은 그들과 운명을 같이하지만 아직은 때가 아니다. 그에게는 자신이 잔인하게 속이고 통제했던 자들과 합류하기 전에 잠시 가야 할 곳이 있다. 왕국 시대가 곧 시작될 것이다. 그리고 하나님이 최후의 목적을 달성하시려면 사탄이 필요하다. 아직 불못에 던져지지 않았다고 해서 그의 미래가 불투명한 것은 아니다. 역사는 확고부동한 목적지를 향해 전진한다.

왕국의 밤

예수님이 무덤가에 살던 귀신들린 사람을 만났을 때 마귀들은 자신들을 무저갱에 던지지 마시기를 간청했다. 그들은 때가 이르기 전에 고문당할 것이 두려웠다(마 8:29, 눅 8:31). 예수님은 그들의 청을 들으시고 돼지 떼에게 들어가도록 허락하셨다. 그러자 돼지 떼는 비탈을 내리달아 호수에 빠져 몰사했다.

마귀들의 운명은 취소가 아니라 연기되었을 뿐이다. 이제 정당한 왕이 자리에 오른 왕국이 세워지고, 사탄과 그의 졸개들은 그토록 두려워하던 무저갱에 갇힌다.

> 또 내가 보매 천사가 무저갱의 열쇠와 큰 쇠사슬을 그의 손
> 에 가지고 하늘로부터 내려와서 용을 잡으니 곧 옛 뱀이요 마
> 귀요 사탄이라 잡아서 천 년 동안 결박하여 무저갱에 던져 넣
> 어 잠그고 그 위에 인봉하여 천 년이 차도록 다시는 만국을 미
> 혹하지 못하게 하였는데 그 후에는 반드시 잠깐 놓이리라(계
> 20:1-3).

사탄과 마귀들은 왜 묶여 있는가? 하나님은 다시 한 번 인류의 타락을 보여주신다. 사탄은 그리스도가 통치하시는 기간 동안 만국을 속이지 못하지만 만국은 인간의 사악한 본성 때문에 다시 미혹된다. 천 년이 끝나고 풀려난 사탄은 하나님을 향한 최후의 공격에 동참할 사람들을 모은다. "천 년이 차매 사탄이 그 옥에서 놓여 나와서 땅의 사방 백성 곧 곡과 마곡을 미혹하고 모아 싸움을 붙이리니 그 수가 바다의 모래 같으리라"(계 20:7-8). 이 나라들이 누구인지는 아무도 모른다. 그러나 에스겔 38장에서 언급된 곡과 마곡은 분명 아니다. 시간과 장소가 다르다.

이 나라들은 예루살렘 주변에 모여서 그리스도를 몰아내려고 헛수고를 한다. "그들이 지면에 널리 퍼져 성도들의 진과 사랑하시는 성을 두르매 하늘에서 불이 내려와 그들을 태워버리고"(계 20:9). 사탄은 지푸라기라도 잡으려고 한다. 아직도 자신이 하나님을 이길 수 있다고

생각한다면 자기가 한 거짓말에 스스로 속은 것이다. 그는 최후의 결전을 벌인다. 한 걸음만 떼면 바로 불못이기 때문이다.

내가 설명한 과정은 전천년설이다. 예수님이 재림하셔서 세상을 다스리시고 예루살렘이 수도가 된다. 천년왕국에 대한 여러 해석 중 구약성경에 기록된 예언을 문자 그대로 받아들이는 견해다.

균형을 맞추기 위해 많은 사람이 믿는 다른 이론도 언급하자면 천년왕국이 먼저 임한 뒤 그리스도가 재림하심으로 우리의 수고가 마무리되는 후천년설이 있다. 천년왕국이 도래하고 그리스도의 재림으로 역사가 완성된다는 이 이론을 믿는 그리스도인도 많다. 우리의 수고를 긍정적으로 바라보는 이 시각은 신뢰를 많이 잃었지만 여전히 지지하는 사람들이 있다. 다행히도 그 수는 적다.

우리가 이미 왕국 시대 안에 살고 있다고 믿는 사람도 많다. 교회가 곧 왕국이므로 그리스도의 재림이 왕국의 완성으로 이어지지 않는다는 견해다. 무천년설로 알려진 이 이론은 천년왕국이 없다고 믿는다. 이스라엘에 대한 모든 약속은 조건적이고, 그 약속들은 교회로 성취된다고 믿는다. 교회사에서 이 이론을 지지하는 사람들도 계속 존재해왔다.

이 책에서는 천년왕국에 대한 논쟁은 다루지 않는다. 그러나 이같이 다양한 시각은 실제로 의미가 있다. 교회가 왕국이라면 사탄이 이미 묶여 있다는 말이다. 그의 활동이 제한적인 수준이 아니라 지구상에 아예 존재하지 않는 것이다. 무저갱에 결박되었다는 말은 세상에서 돌아다닐 자유가 없다는 뜻이다.

상담에 대한 책으로 많은 사람에게 도움을 준 제이 아담스(Jay Adams)는 우리가 왕국 시대에 살고 있으며 사탄이 결박되어 있다고 믿는다. 그는 결박으로 인한 제약과 제한으로 "마귀의 세력이 펼치는 활동[마귀의 소위은 사실상 중단되었고, 근대에 귀신들림이 완전히 사라진 것은 아니지만 극히 드물다"고 말한다.[1]

나는 이 의견에 전적으로 반대한다. 지금이 왕국 시대가 아님을 뒷받침하는 성경의 근거가 매우 많다. 오늘날 마귀의 억압이 전혀 없거나 드물다고 말할 근거도 드물다. 만약 지금이 왕국 시대라면 마귀의 활동은 '축소' 정도가 아니라 완전히 중단되어야 한다. 우리가 "삼킬 자를 찾는"(벧전 5:8) 우는 사자를 만날 일도 없다. 그렇다면 마귀와의 사이에서 벌어지는 갈등에 대한 신약의 가르침을 무시해도 된다.

그리스도가 예루살렘에서 세상을 다스리실 것이라는 증거는 확실하다. 다윗은 자신이 다스렸던 나라를 장차 통치할 아들을 갖게 되리라는 나단 선지자의 예언을 이해했다(삼하 7:8-17). 천사 가브리엘은 마리아에게 그녀의 아들이 크게 될 것이며, "주 하나님께서 그 조상 다윗의 왕위를 그에게 주시리니 영원히 야곱의 집을 왕으로 다스리실 것이며 그 나라가 무궁하리라"(눅 1:32-33)고 말했다. 마리아나 당시 사람들이 그 나라를 하늘에 있는 나라로 믿었을 가능성은 별로 없다. 다윗의 나라는 예루살렘에 수도를 둔 이 세상 나라였다.

그리스도가 이 땅에서 다스리실 것이라고 내가 믿는 이유가 있다. 예수님은 사탄이 할 수 없는 일을 본인이 할 수 있다는 것을 증명하셔야 한다. 천 년 동안 사탄의 주요 활동 무대가 되는 이 오염된 세상은

하나님의 사탄

그리스도가 영광과 승리 가운데 다스리실 곳이다. KO펀치를 날리신 예수님은 사탄의 본거지를 평정하고 다스리실 것이다.

사탄의 몰락은 첫 단계로 하늘에서 사는 것이 금지되고, 두 번째 단계로 세상에서 사는 것이 금지된다. 천 년 동안 만국은 사탄의 지휘나 영향력 없이 마음대로 움직이는 것이 허용된다.

사탄의 회한은 더욱 깊어진다. 밀턴은 사탄이 하나님과 영구적으로 분리됨으로 겪는 깊은 절망감을 잘 표현했다. "어느 방향으로 날아가든지 지옥이며 나 자신이 지옥이다." 언제나 자신의 지옥을 항상 이끌고 다니는 그는 다른 종류의 지옥으로 던져질 운명이다. 그는 자신이 영향력을 발휘했던 모든 존재에 대한 통제권을 포기해야 한다. 이제는 힘을 잃었고 오만과 계략과 반항심도 사라졌다. 한때 자신이 가졌다고 생각했던 모든 것을 상실한 그는 이제 영원한 흑암 속에 살아야 한다.

불못

이제 사탄의 몰락에서 마지막 단계에 이르렀다. "또 그들을 미혹하는 마귀가 불과 유황 못에 던져지니 거기는 그 짐승과 거짓 선지자도 있어 세세토록 밤낮 괴로움을 받으리라"(계 20:10). 그는 마침내 자신의 졸개들과 함께 영원한 형벌을 받는다. 현실은 그가 상상했던 것보다 훨씬 참혹하다. 불못에 던져진 사탄의 영원한 상태에 대해 알아보자.

1. 이곳은 거기에 살 운명인 자들을 위해 전능하신 하나님이 만들고 예비하신 곳이다. 하나님은 악한 자들에게 이렇게 말씀하신다. "저주를 받은 자들아 나를 떠나 마귀와 그 사자들을 위하여 예비된 영원한 불에 들어가라"(마 25:41). 하나님은 두 가지 영원한 운명을 예비하셨다. 예수님은 제자들에게 "내가 너희를 위하여 거처를 예비하러 가노니"(요 14:2)라고 하셨다. 이 거처, 즉 천국은 하나님과 영원히 거할 사람들을 맞이할 채비를 마쳤다. 불못도 이미 준비가 끝났다. 아직 아무도 지옥에 있지 않지만 (사망한 불신자들은 음부로 내려간다) 예수님 말씀으로 볼 때 불못도 준비가 끝났다. 지금은 비어 있으나 언제든 사람들을 수용할 수 있다.

> **마귀가 하나님의 마귀라면 지옥은 하나님의 지옥이다.**

불못은 피조물의 부산물이 아니라 분명한 목적을 위해 만들어진 장소다. 창조주는 자신이 창조한 모든 것을 다스리신다. 불못도 하나님의 주권적 통치와 무관한 곳이 아니다. 마귀가 하나님의 마귀라면 지옥은 하나님의 지옥이다.

마귀가 아니라 하나님이 지옥을 다스리신다. 창조주이신 하나님은 자신의 나라에서 어느 한 부분도 다른 누구에게 주시지 않는다. 지옥은 창의적인 상상력의 산물도 아니고, 사탄이 지배하는 그의 나라도 아니다. 하나님은 하늘 위에도 계시지만 편재하는 분이므로 지옥 아래에도 계신다. 엄밀히 말해 지옥에서도 하나님의 뜻이 이루어진다.

하나님의 사탄

지옥은 하나님의 피조물이 저지른 반역을 심판하는 장소다. 심판은 하나님의 엄격한 감독 아래 매우 세세하게 부과된다. 형벌은 공정하고 정확하며 범죄에 상응한다. 하나님은 정의의 심판을 다른 존재에게 결코 위임하시지 않는다.

2. **지옥은 고통의 장소다.** 중세 설화는 지옥이 사탄의 영역이라는 인상을 준다. 우리는 사탄이 지옥을 다스리고, 졸개 마귀들에게 명령을 내리며, 사람들을 마음대로 괴롭힌다고 생각한다. 단테는 지옥에 도착한 자들을 마귀들이 괴롭히는 장소로 지옥을 묘사했다. 마귀의 쇠스랑은 중세의 곤봉 같은 고문 도구로 간주되었다. 전부 성경의 기록이 아니라 신화에 근거한 생각이다.

말씀을 주의 깊게 보아야 한다. "또 그들을 미혹하는 마귀가 불과 유황 못에 던져지니 거기는 그 짐승과 거짓 선지자도 있어 세세토록 밤낮 괴로움을 받으리라"(계 20:10). 지옥은 사탄이 누군가를 고문하는 곳이 아니라 사탄이 고문당하는 곳이다. 그는 고문하는 자가 아니라 고문당하는 자다. 그는 남을 괴롭히는 위치에 있는 것이 아니라 자신에게 부과된 괴로움에 압도당한다.

지옥에 떨어진 뱀의 상황은 다른 피조물보다 훨씬 비참하다. 큰 죄를 저지른 자는 큰 형벌을 받는다. 루시퍼는 그렇게 많은 지식과 빛을 가지고도 엄청난 죄를 지었다. 그는 자신의 반역 행위에 걸맞는 심판을 받을 것이다. 다시 한 번 말하지만 지옥에는 왕이 없다.

J. 마셀러스 킥(J. Marcellus Kik)이 이것을 잘 설명한다.

사탄은 자신이 속였던 자들에게서 대단한 환영을 받을 것이다. 엄청난 저주, 비난, 학대, 욕설, 질타가 그의 머리 위로 쏟아져 내린다. 그는 저주의 호수에 둘러싸인다. 코끝을 찌르는 비난의 악취에서 벗어날 수 없다. 이 고통이 밤낮으로 계속된다. 그는 영원히 증오와 멸시와 거절을 당한다.[2]

사탄은 결코 다시는 노래하지 못한다. 그의 입에서는 통곡만 나온다. 하늘 찬양대를 기억할 때마다 그는 후회하며 괴로워한다. 도망칠 출구가 없다.

3. 지옥에는 입주자가 많다. 사탄이 던져질 지옥에는 "짐승과 거짓 선지자"(계 20:10)도 있다. 그들은 그리스도의 재림 때부터, 즉 천 년 전부터 그곳에 있었다. 그들의 운명에 대해서는 이미 확인한 바 있다. "짐승이 잡히고 그 앞에서 표적을 행하던 거짓 선지자도 함께 잡혔으니 이는 짐승의 표를 받고 그의 우상에게 경배하던 자들을 표적으로 미혹하던 자라 이 둘이 산 채로 유황불 붙는 못에 던져지고"(계 19:20). 그들은 지옥의 첫 번째 입주자가 되었다. 타락한 천사들은 그들의 주인인 아볼루온과 함께 지옥에 들어간다. 그리스도를 통해 하나님의 진노를 피하지 못한 자들은 자신의 운명을 맞이해야 한다. 마귀가 불못에 들어가자마자 모든 믿지 않는 죽은 자들에 대한 심판이 있다. 그들은 자신의 행위에 따라 심판을 받는다.

또 내가 크고 흰 보좌와 그 위에 앉으신 이를 보니 땅과 하늘

하나님의 사탄

이 그 앞에서 피하여 간 데 없더라 또 내가 보니 죽은 자들이 큰 자나 작은 자나 그 보좌 앞에 서 있는데 책들이 펴 있고 또 다른 책이 펴졌으니 곧 생명책이라 죽은 자들이 자기 행위를 따라 책들에 기록된 대로 심판을 받으니 바다가 그 가운데에서 죽은 자들을 내주고 또 사망과 음부도 그 가운데에서 죽은 자들을 내주매 각 사람이 자기의 행위대로 심판을 받고 사망과 음부도 불못에 던져지니 이것은 둘째 사망 곧 불못이라 누구든지 생명책에 기록되지 못한 자는 불못에 던져지더라(계 20:11-15).

믿지 않는 죽은 자들이 현재 머무는 음부는 장차 불못에 던져진다. 사탄과 그의 졸개들과 함께 수백만 명이 본인들이 알고 저지른 죄에 대해 심판받는다. 순간의 고통으로는 죄의 대가를 치를 수 없기 때문에 영원히 고통받아야 한다.

4. **지옥은 영원하다.** 지옥을 소멸의 장소라고 주장하는 의견은 말씀과 맞지 않는다. 그들은 "세세토록 밤낮 괴로움을 받는다"(계 20:10). 끝없는 불안, 끝없는 절망, 끝없는 후회뿐이다.

일부 학자는 예수님이 "오직 몸과 영혼을 능히 지옥에 멸하실 수 있는 이를 두려워하라"(마 10:28)고 하신 말씀은 지옥불에 멸망할(소멸될) 영혼들을 가리키는 것이라고 주장한다. 그러나 "멸하다"는 말은 소멸을 의미하는 것이 아니다. 끝이 없는 영원한 파괴, 지속적인 고통을 의미한다. 지옥에 있는 영혼들의 멸망은 소멸이 아니다. 그것은 회복이나 성취의 소망 없이 끝없이 이어지는 고통을 뜻한다.

예수님은 지옥도 천국처럼 영원하다고 하셨다. "그들은 영벌에, 의인들은 영생에 들어가리라 하시니라"(마 25:46). 우리에게 영생이 있다고 믿는다면 다른 사람들에게는 영벌이 있다는 것을 믿어야 한다. 안타깝게도 우리는 선호하는 대로 믿음을 선택할 자유가 없다.

5. 지옥은 공정하다. 인간의 눈으로 볼 때 영원한 형벌은 저지른 범죄에 맞지 않는다. 하나님이 너무 잔인하고 부당하며 가학적이고 너무 지나친 보복을 가하시는 것이 아닌가 싶을 정도다. 우리가 알기로는 형벌의 목적은 언제나 구원이다. 모든 징역형이 의도하는 목적 역시 갱생이다. 따라서 가석방이나 교화의 가능성 없는 영원한 형벌은 다소 부당해 보인다.

그러나 마귀든 천사든 간에 모든 존재는 지식을 근거로 심판을 받는다. 더 많이 받은 자에게는 더 많은 것이 요구된다. 뱀이 자기는 몰랐다고 하는 변명은 통하지 않는다. 그가 내린 결정은 사실에 대한 지식에 근거한 것이다. 물론 그는 전부 알지는 못했다. 완전한 지식은 하나님께만 속하기 때문이다. 그러나 그는 자신의 어리석음에 대해 엄격한 심판을 받으리라는 것쯤은 알고 있었다.

하나님은 모든 사실을 토대로 심판하신다. 동기를 잘못 해석하거나 정상 참작이 가능한 상황을 간과하는 일은 결코 없다. 세부 내용을 묵살하거나 오판할 수 있는 인간의 법정과 달리 하나님의 지식은 세상에서 일어난 일과 다른 상황에서 일어났을 법한 일까지 모두 망라한다.

사탄과 그와 함께 불못에 빠진 졸개들은 영원히 유죄다. 어떤 피조물도 자신의 고난으로 창조주께 값을 치를 수 없다. 고통이 가장 사소한 죄를 없앨 수 있다면 지옥에 있는 자들은 죗값을 치른 뒤 해방될 수 있을 것이다. 그러나 피조물이 당하는 고통으로 어느 죄 하나도 말소할 수 없다.

기독교를 조롱했던 프랜시스 뉴포트(Francis Newport) 경은 임종하는 순간 다음과 같은 충격적인 말을 남겼다.

> 아, 나는 결코 꺼지지 않는 불 위에서 천 년 동안 누워 하나님의 은혜를 구하고 그분과 다시 연합할 날만 고대해야 한다. 그러나 전부 헛된 망상일 뿐이다. 수백만 년이 흐를지라도 나는 단 한 시간의 고통 끝에도 가까이 가지 못한다. 아, 영원, 영원이여! 영원! 이 참을 수 없는 지옥의 고통이여![3]

6. 우리는 죄의 심각성을 이해하지 못한다. 우리는 형벌이 내려질 때 사탄의 책임이 얼마나 크고 인간의 책임이 얼마나 되는지를 모른다. 조나단 에드워즈(Jonathan Edwards)는 우리가 지옥을 불쾌하게 여기는 이유는 죄에 대한 무감각 때문이라고 했다.

하나님의 관점에서 죄의 경중이 죄가 자행된 대상(하나님)의 명예에 따라 결정된다면 어떻게 하겠는가? 무한하신 분을 상대로 범한 죄라면 죄의 중함 역시 무한하다. 그러므로 하나님은 무한한 죄에 걸맞는 무한한 형벌을 내리신다.

우리가 죄짐을 질 필요가 없다는 사실에 감사하자. 무한한 분이 무한한 대가를 치르기 위해 오신 덕분에 우리는 구원받았다. "우리를 사랑하사 그의 피로 우리 죄에서 우리를 해방하시고 그의 아버지 하나님을 위하여 우리를 나라와 제사장으로 삼으신 그에게 영광과 능력이 세세토록 있기를 원하노라 아멘"(계 1:5-6).

회상

우주적 도박은 실패했다. 하나님을 따르는 종이 되기를 거부한 자는 어쩔 수 없이 하나님의 죄수가 되었다. 세상에서 자신을 드러내고 싶었던 자는 지옥의 한계선에 갇혀 지낸다. 남을 지배하고자 했던 자는 자기 자신도 지배하지 못하는 상황에 처했다.

불못에 던져진 뱀의 파멸은 창조주께 저항한 피조물이 결코 승리할 수 없다는 최후의 증거다. 하나님의 뜻에 맞선 자의 뜻은 영원한 성취와 자유를 결코 얻지 못한다. 하나님은 자신만이 통치하며 그 누구도 통치하지 않음을 입증하셨다.

마귀는 지금 이 세상을 통치하지만 하나님의 명령으로 제한을 받는다. 그는 우리를 유혹하지만 하나님이 그에게 허락하신 만큼만 가능하다. 그는 파괴하지만 하나님이 승인하신 만큼의 파괴만 가능하다. 그는 교만하게 으스대지만 하나님이 허락하신 한도까지만 가능하다. 그는 영원한 수치와 모멸이라는 자신의 임박한 현실과 대면하기를 거부한다. 남들은 모르지만 그는 자신이 지금 벌이고 있는 전투

하나님의 사탄

가 우주라는 무대에서 벌어지는 촌극에 불과하다는 것을 알고 있다. 결과는 확정되었고 피할 수 없다.

사탄은 불순종하는 자들에게 하나님의 정의를 구현하는 도구이자 순종하는 자들에게 하나님의 연단을 이루는 수단이다. 우리는 사탄과 벌이는 싸움에서 죄의 본질, 하나님의 거룩, 은혜를 떠난 우리의 무력함에 대해 배운다. 루시퍼의 타락은 하늘 아버지께 우리를 향한 무한한 은혜를 베푸실 기회를 제공했다. 자신의 뜻대로 만물을 통치하는 분이 이미 승리하셨고, 우리는 그분의 승리에 참여한다.

우리가 그리스도를 신뢰하고 또한 그리스도를 떠나서는 우리가 아무것도 할 수 없다는 것을 인정한다면 우리도 그분의 승리에 참여할 수 있다. 오직 그리스도에 대한 믿음만이 우리를 장차 임할 진노에서 보호한다. '어린양의 보혈'을 믿는 사람만이 마귀의 진노를 이긴다.

반드시 이긴다!

> 깊도다 하나님의 지혜와 지식의 풍성함이여, 그의 판단은 헤아리지 못할 것이며 그의 길은 찾지 못할 것이로다 누가 주의 마음을 알았느냐 누가 그의 모사가 되었느냐 누가 주께 먼저 드려서 갚으심을 받겠느냐 이는 만물이 주에게서 나오고 주로 말미암고 주에게로 돌아감이라 그에게 영광이 세세에 있을지어다 아멘(롬 11:33-36).

오직 하나님께 영광을!

주

1장

1. William Gurnall, *The Christian in Complete Armour: Daily Readings in Spiritual Warfare*, ed. James S. Bell(Chicago: Moody, 1995), reading for March 22.
2. Kenneth L. Woodward, "Do We Need Satan?" *Newsweek*, November 13, 1995, 64.
3. 같은 책.
4. 같은 책, 67.
5. 같은 책, 64.
6. Gerald McGraw, "Is Your Devil Too Big?" *Alliance Life*, February 27, 1991, 9.

3장

1. Donald Grey Barnhouse, *The Invisible War*(Grand Rapids: Zondervan, 1965), 231 – 232.
2. 같은 책.

4장

1. Marilyn Ferguson, *The Aquarian Conspiracy*(Los Angeles: Jeremy P. Tarcher, 1980), 23.
2. Annette Hollander, *How to Help Your Child Have a Spiritual Life*(New York: A&W, 1980), 31.
3. C. S. Lewis, *The Screwtape Letters*(New York: Macmillan, 1943), 39.
4. Nikos Kazantzakis, *The Last Temptation of Christ, AFA Journal*, July 1988: 22 인용.
5. Allan Watts, *Beat Zen, Square Zen and Zen*(San Francisco: City Lights, 1959), 10.

6장

1. Frederick S. Leahy, *Satan Cast Out*(Carlisle, Pa.: Banner of Truth, 1975), 30.

11장

1. H. G. Wells, Constance Cumbey, *The Hidden Dangers of the Rainbow*(Lafayette, La.: Huntington House, 1983), 125 인용.
2. 같은 책.

12장

1. Jay Adams, *The Big Umbrella and Other Essays and Addresses on Christian Counseling* (Philipsburg, N.J.: Presbyterian & Reformed, 1973), 118.
2. J. Marcellus Kik, Frederick S. Leahy, *Satan Cast Out*(Carlisle, Pa.: Banner of Truth, 1975), 61 인용.
3. Francis Newport, *Knight's Master Book of New Illustrations*(Grand Rapids: Eerdmans, 1956), 159.